40 WEEKS PRENATAL
EDUCATION NOTE
FOR CHRISTIAN PARENTS

사랑하는 _____ 에게

엄마, 아빠가

크리스천 부모를 위한
40주 태교 노트

ⓒ 생명의말씀사 2016

2016년 10월 10일 1판 1쇄 발행

펴낸이 | 김재권
펴낸곳 | 생명의말씀사

등록 | 1962. 1. 10. No.300-1962-1
주소 | 서울시 종로구 경희궁1길 5-9(03176)
전화 | 02)738-6555(본사) · 02)3159-7979(영업)
팩스 | 02)739-3824(본사) · 080-022-8585(영업)

지은이 | 장보영

기획편집 | 유선영, 김현정
디자인 | 김혜진
인쇄 | 영진문원
제본 | 정문바인텍

ISBN 978-89-04-14144-9 (03230)

저작권자의 허락없이 이 책의 일부 또는 전체를
무단 복제, 전재, 발췌하면 저작권법에 의해 처벌을 받습니다.

크리스천
부모를 위한
40주
태교
노트

40 WEEKS PRENATAL
EDUCATION NOTE
FOR CHRISTIAN PARENTS

장 보 영 지음

새 생명을 잉태하는 일, 그것은 하나님의 커다란 선물이자 새로운 사명을 부여받는 놀라운 사건입니다. 하나님께서는 우리에게 부모라는 새 사명을 주시면서 이를 차차 준비할 수 있도록 40주의 시간을 주십니다.
다른 모든 부르심과 마찬가지로, 부모의 사명 역시 말씀과 기도가 없으면 능히 감당하지 못할 것입니다. 40주라는 준비 시간을 귀하게 여기며 기도하십시오. 우리는 아이의 성장 발육과 전인격, 미래를 축복할 뿐 아니라 부모의 마음가짐을 위해 매일 기도해야 합니다.
부모가 된 이후 당장 무엇을, 어떻게 기도해야 할지 막막할 때, 이 책은 좋은 길잡이가 되어 줄 것입니다. 이 기도와 메시지를 바탕으로 부모 자신의 목소리로 새 기도와 메시지를 적어 보십시오. 아이에게 훌륭한 선물이 될, 아주 멋진 기록으로 남을 것입니다.
무엇보다도 가정을 통해 천국을 맛보게 하시고, 가정 안에 숨겨진 진리를 발견하게 하시는 하나님을 찬양합니다. 그리고 엄마와 아빠라는 신비롭고 놀라운 세계에 진입하신 여러분 모두를 축복합니다.
_ 진재혁 목사 (지구촌교회 담임)

우리 선조들은 태교에 대해 거대한 관심을 보였다. 사주당 이 씨가 쓴 "태교신기"가 태교에 관한 단행본으로 세계 최초로 발간된 것이 그 증거 아니겠는가! 이후 현대 의학이 발달되면서 정신건강의학과에서 태아 심리학 학문이 우리 선조들이 주장했던 내용들을 과학적으로 증명하고 있음이 흥미롭다. 엄마와 태아가 탯줄을 통해 연결되어 엄마의 모든 것이 100% 태아에게 전달되기에 태교의 중요성은 아무리 강조해도 부족하지 않다.
엄마가 생명을 품고 있는 열 달 동안 지내 온 삶의 모든 경험이 탯줄을 타고 고스란히 태아에게 전달되면서 태아의 의사와는 관계없이 아가의 그릇은 만들어져 간다. 눈에 보이지 않는 태아를 생각하면서 교육한다는 것이 결코 쉬운 일은 아니다. 이벤트 정도로 태교를 할 수는 없는 것이고 엄마의 하루하루 삶이 그대로 태교가 되는 것이다.
35년 가깝게 산과 전문의로서 산모들과 함께 살아온 경험으로 비추어 보건데 많은 산모들은 정작 태교에는 별 관심이 없고 영양가 없는 것들에 애를 쓰며 관심을 가진다. 태교의 중요성을 깨닫고 실천하는 엄마만이 고귀한 인격을 가진 아이를 선물 받는 법이다.

『크리스천 부모를 위한 40주 태교 노트』를 통하여 소중한 아이를 교육하는 엄마들, 특히 아이가 하나님께 사랑받는 자녀가 되기를 바라는 크리스천 예비 부모들에게 많은 도움이 될 것으로 기대하며 이 책을 추천한다.

_ 장부용 원장 (은혜산부인과)

늘 밝고 예쁜 장보영 작가.

임신 소식을 전하는 그녀의 얼굴에서 나는 생명을 잉태한 여인의 감격을 보았어요. 열 달이 지나서 그녀만큼이나 예쁜 아가가 태어났지요. 그리고 아가와 함께 그녀가 쓴 이 책이 태어났지요. 글을 읽는 내내 참 좋았습니다. 태아에게 들려주는 엄마의 따뜻한 음성이 들렸어요. 엄마의 속삭임을 듣고 환하게 웃는 행복한 배 속 아기가 보였지요. 그녀의 태교 이야기는 우리 집 베란다에 들어오는 맑고 따뜻한 햇볕 같았습니다. 그 햇빛이 꽃망울을 비추면 예쁜 장미로 피어납니다. '모든 엄마들이 이렇게 태교하면 얼마나 좋을까!' 생각하면서 읽고 또 읽었어요. 그녀는 임신 기간 내내 아가에게 성경을 읽어 주며 기도했습니다. 하나님의 말씀은 생명의 풋대입니다. 소중한 태아를 선물로 받았음에도 어찌할 바를 몰라 당황하게 하는 임신기 불안을 잠재웁니다. '태교하는 엄마'는 기도하는 엄마입니다. 엄마의 기도는 강하고 힘이 있습니다. 그녀는 또 태아의 발달단계를 연구하고 엄마 몸과 심리 변화를 스스로 관찰하면서 또박또박 기록했습니다. 태교하는 엄마가 전해 주는 바른 지식은 점점 불러오는 임산부의 배처럼 생명의 신비를 크게 키워 줄 것입니다.

많은 엄마들의 태교를 돕고자 애쓴 그녀의 수고가 참으로 고맙습니다. 사랑의 속삭임으로 끊임없이 태아와 교감하면서 40주를 한결같은 사랑과 소망으로 보낸 장보영 작가에게 박수를 보냅니다.

자녀는 하나님이 주신 사랑의 선물입니다. 그 선물을 끝까지 선물이 되도록 양육해야 하는데 그 첫걸음은 태교에서 시작합니다. 이 책이 그 첫걸음을 도와주리라 확신하기에 임신한 엄마들에게 적극 추천합니다.

_ 박현숙 (『하나님 아이로 키워라』 저자)

* 본문의 임신 주차별 정보는 개인차가 있으므로 정확한 안내는
담당의사의 도움을 받으시기 바랍니다.

prologue
40 WEEKS PRENATAL
EDUCATION NOTE
FOR CHRISTIAN PARENTS

임신 테스터 두 줄을 확인하면 처음엔 강렬하고도 복잡한 감정이 찾아옵니다. 말할 수 없이 감사하고 기쁘지만 그만큼의 불안과 걱정도 불쑥불쑥 올라오지요. 제가 그랬습니다. 스스로 꽤 낙천적이고 믿음도 나름 괜찮다고 생각했는데 임신을 확인하고 나서 그게 아니었다는 걸 알았습니다. 그냥 삶에 별일이 없어서 몰랐던 것뿐이지요. 하나님의 섭리는 놀랍고 생명은 경이롭지만 그 앞에 선 나 자신은 참으로 작고 연약해서 크고 작은 걱정으로 쉬이 흔들리곤 했습니다.

그래서 기도할 수밖에 없습니다.

늘 조마조마한 임신 초기, 본격적인 태교를 시작하는 중기, 무거운 몸으로 매일 괴로운 후기까지. 시기마다 그에 맞게 기도도 변해 갑니다. 아기에 대한 소망은 왜 이렇게 많고 출산은 또 왜 그렇게 무서운지 무엇 하나 내 힘으로 지탱할 게 없었습니다. 그래서 감사할 땐 감사를 가지고, 두려울 땐 두려움을 그대로 가지고 기도했습니다. 불안도 주 앞에서 숨기지 않았습니다. 이 책에도 그런 감정의 기록이 남아 있지요.

태교가 무엇일까 고민했습니다. 저는 대단히 전문적이거나 전략적인 태교를 말할 자격은 없는 사람입니다. 다만 아기가 장차 만날 이 세상을 여러 방법으로 아기에게 소개하고 싶었고, 따뜻한 환영의 메시지를 전하길 원했습니다. 태아가 자라갈수록 점점 더 사랑하게 되는데, 그러면 누가 시키지 않아도 아기의 신체와 성품과 영혼을 골고루 축복하고 싶은 맘이 차오르게 됩니다. 새 생명을 보내 주신 하나님께서는 아기를 위해 기도할 의지도 함께 주십니다. 아기에게 생명의 근원되신 분에 대해 이야기하고 싶은 마음도요. 그 모든 소망과 사랑을 가지고 이 책을 쓰게 되었습니다.

출간을 앞둔 지금은 백일 가까이 된 아기가 제 눈앞에 있습니다. 임신 때의 마음과 출산 후의 심정은 또 다르지만, 40주 동안 쌓아 온 기도가 제 안에서 새로운 작용을 일으키는 걸 느낍니다. 기도를 굉장히 많이 한다고 해서 무조건 그만큼 아기가 더 건강하거나 더 똑똑해지는 것은 아니라고 생각합니다. 기도의 응답은 부모가 된 내 마음에서 이루어지는 것 같습니다. 사랑스러운 아기, 힘겹지만 분명 행복한 하루, 따뜻하게 세워지는 가정. 모든 것은 값없이 받은 은혜이자 선물이라는 걸 알았습니다. 임신 중의 기도로 출산 후 아이와 함께하는 매일을 가꿔 갈 힘을 얻었고, 감사한 부분들을 새롭게 발견했으며, 그늘처럼 어두운 날에도 그 앞에 비껴 있는 빛을 볼 수 있었습니다. 그렇게 조금씩 성장하고 있다고 믿습니다.

지금 이 책을 펼치셨다면, 아마도 새 생명의 기쁜 소식을 기다리거나 이미 받아 보신 분들이겠지요. 진심으로 축복합니다. 여기에 독자 여러

분의 이야기를 더 채워서 각자 새로운 책을 만들어 가시면 좋겠습니다. 아마 제가 쓴 것보다 훨씬 훌륭한 기도와 편지들이 적힐 것입니다.

제게 생명을 선물로 주시고 아기와 더불어 책으로도 결실을 맺게 하신 하나님께 감사드립니다.

만삭의 아내를 이끌고 도서관이나 카페로 데려다주며 원고 정리를 도와준 남편이 없었다면 책이 나올 수 없었을 것입니다. 그에게 특별한 감사를 전합니다. 임신 기간 동안 원고 작성을 따뜻하게 독려해 주신 생명의말씀사 편집팀께도 고맙습니다. 이 책에 담긴 서른일곱 개의 편지를 받은 실제 주인공, 제 딸 이새봄 양에게 사랑을 고백합니다.

2016. 10
꿈 꾸는 새봄이를 바라보며
장 보 영

임산부 캘린더

각 차수별 특이 사항이나 신체의 변화, 출산 예정일,
산전 검사 항목 및 일정, 출산 준비 목록 등을 기록해 보세요.

1-4주	+
5주	+
6주	+
7주	+
8주	+
9주	+
10주	+
11주	+
12주	+
13주	+
14주	+
15주	+
16주	+
17주	+
18주	+
19주	+
20주	+
21주	+
22주	+

23주 +

24주 +

25주 +

26주 +

27주 +

28주 +

29주 +

30주 +

31주 +

32주 +

33주 +

34주 +

35주 +

36주 +

37주 +

38주 +

39주 +

40주 +

40 WEEKS PRENATAL EDUCATION NOTE FOR CHRISTIAN PARENTS

너는 어떤 씨앗일까?

너는 어떤 씨앗일까?
아직 작고 작은 네 몸에는
어떤 나무가 숨어 있을까?

살랑살랑 잎사귀를 흔드는 바람,
세상을 기분 좋게 적셔 주는 단비,
언제나 따뜻한 친구 같은 햇살을
이미 꿈꾸고 있는 아가야.

너는 어떤 씨앗일까?
쭈욱 뻗은 너의 팔과 다리는
어느 때에 가장 신나게 움직일까?

세상을 이롭게 하는 풍성한 열매,
많은 이들이 편히 쉬어 갈 시원한 그늘,
햇살따라 반짝이는 새파란 잎사귀를
이미 품고 있는 아가야.

40 WEEKS PRENATAL
EDUCATION NOTE
FOR CHRISTIAN PARENTS

너는 어떤 씨앗일까?
너는 무엇을 사랑하게 될까?

새싹 같은 너의 손가락 발가락이
살랑이며 움직이고
그 예쁜 눈 코 입으로
꽃처럼 방긋 웃는 모습을
매일 그려 보고 있어.

네 꽃잎의 색깔이 어떠하든지
우리는 서로를 사랑하게 될 거야.
네 잎사귀의 모양이 어떠하든지
엄마 아빠는 너를 사랑해.

너는 어떤 씨앗일까?
아주 사랑스런 씨앗이지!

1-4 주차

40 WEEKS PRENATAL EDUCATION NOTE FOR CHRISTIAN PARENTS

능하신 이가 큰 일을 내게 행하셨으니 그 이름이 거룩하시며 긍휼하심이 두려워하는 자에게 대대로 이르는도다 (눅 1:49-50)

지금 아기는 ───────

이 시기의 태아는 아주 작지만 평생 사용할 신체 기관이 발달하기 시작해요. 뇌와 척추, 신경, 심장, 내장 등이 그 작은 몸에 서서히 자리 잡을 것입니다. 또 태반과 난황이 형성되어 태아에게 영양분을 전달해 줄 거예요.

지금 엄마는 ───────

임신 초기 증상이 나타나며 착상혈을 보게 될 수 있어요. 태아와 산모의 건강을 위해 산전 검사를 반드시 받아야 해요. 임신 사실을 알게 되었다면, 태아의 신체 기관이 발달하는 시기인 만큼 약물 복용에 주의를 기울여야 해요. 아기의 건강한 발달을 위해 엽산을 꼭 섭취하세요.

🍼 소중한 아기에게

아가야.
우리 가정에 찾아온 걸 환영해.
네가 와서 나는 정말 기쁘고 황홀하단다.
너는 엄마와 아빠가 사랑으로 맺은 아주 예쁜 열매이고,
우리가 받은 최고의 선물이야.
지금 너는 아주 작아서 잘 보이지도 않는대.
하지만 그 작은 심장은 이 순간에도 콩콩콩 뛰고 있겠지.
생각할수록 놀라워.
아가야. 너는 하나님이 보내셨단다.
너를 자라게 하시는 분도 바로 하나님이시지.
지금도 그분이 너와 함께하고 계셔.
너의 첫 번째 친구가 되어 주실 거란다.
앞으로 우리는 40주 동안 함께할 거야.
그때까지 건강하고 튼튼하게 자라렴.
엄마가 좋은 영양분을 많이 나눠 줄게.
아빠는 널 안전하게 지켜 주실 거야.
아가야. 너는 이미 큰 사랑을 받고 있단다.
널 창조하신 하나님과 엄마, 아빠가 너를 사랑하고 있어.
그저 거기 있어 주는 것만으로도 사랑받기에 충분하지.
우리에게 와 줘서 고마워. 사랑해.

🤍 아기를 위한 기도

생명의 주인이신 하나님, 태초부터 계획하신 이 가정에 소중한 새 생명을 주셔서 정말 감사합니다. 부부의 사랑 안에서 생명이 자라게 하시고, 우리가 다 알 수 없는 놀라운 신비로 한 사람을 창조하시는 하나님을 찬양합니다. 그 신비에 동참하게 하시고 큰 은혜를 입혀 주시니 감사합니다.

이 생명이 주님께로부터 왔음을 믿음으로 선포합니다. 이어지는 임신 기간과 출산에 이르기까지 주께서 다스려 주세요. 이 시간 동안 부모로서 차근차근 준비되도록 도와주세요.

아직 모르는 것이 너무 많고 앞으로 어떤 일들을 만날지 알 수 없지만, 오직 선하신 하나님을 신뢰합니다. 아기가 자라는 아기집을 튼튼하게 세워 주시고, 그 안에 성령께서 충만히 임재하셔서 이 아이의 첫 번째 친구가 되어 주세요.

두려움과 불안이 물러가고 날마다 새로운 소망과 기쁨이 차오르기를 원합니다. 지금 이 시간에도 세포 분열하며 장기를 만들고 있을 아기와 함께해 주세요. 주를 닮아 온전하고 아름답도록 창조해 주세요.

예수님의 이름으로 기도드립니다. 아멘.

40 WEEKS PRENATAL
EDUCATION NOTE
FOR CHRISTIAN PARENTS

우리 아기를 위한
(기도문, 편지, 일기)

5 주차

40 WEEKS PRENATAL EDUCATION NOTE FOR CHRISTIAN PARENTS

> 내가 모태에서부터 주를 의지하였으며 나의 어머니의 배에서부터 주께서 나를 택하셨사오니 나는 항상 주를 찬송하리이다 (시 71:6)

지금 아기는

이 시기에는 태아의 심장 소리도 들을 수 있습니다. 태아는 두뇌가 성장하기 시작하고 신경관이 발달하면서 신체의 각 부분, 즉 피부와 근육과 뼈, 호흡기관과 장기들이 자라기 시작해요. 또 태반과 탯줄이 형성되어 영양분과 산소를 전달받게 됩니다.

지금 엄마는

쉽게 피로해지고 속이 메스꺼우며 잦은 요의를 느낄 수 있어요. 빠르면 입덧 증상을 경험하기도 할 것입니다. 겉모습으로는 임신 여부가 드러나지 않지만, 태아 발달에 중요한 시기이기 때문에 충분한 휴식을 취하는 것이 좋아요.

🍼 소중한 아기에게

아가야. 건강하게 잘 자라 주어 고마워.

네가 찾아왔다는 걸 알게 된 뒤 고민과 생각이 부쩍 많아졌지만, 그럼에도 네가 있어서 정말 기뻐. 지금 이 시간에도 쑥쑥 자라고 있을 너처럼, 엄마와 아빠도 더 자라 갈게. 그래서 너에게 부끄럽지 않은 엄마 아빠가 되도록 더 노력할 거야.

너의 작은 몸 안에 그보다 더 작은 심장이 뛰고, 네가 평생 사용할 신체 기관들이 자라고 있대. 팔과 다리도 새싹처럼 돋아날 거래. 너의 모습을 상상하기만 해도 기분이 좋아. 얼마나 앙증맞고 예쁠까!

엄마는 입덧이라는 걸 시작했어. 뭘 먹기 힘들 때가 있지만, 네가 있다는 생각을 하면 좀 더 힘이 난단다. 네가 찾아온 걸 알게 된 뒤로 걸을 때도 더 조심하고 있어. 엄마는 몸속에 너라는 보물을 안고 있으니 더 조심스러워졌단다. 아빠는 그런 엄마를 지켜 주고, 또 도와주고 있어.

아가야. 네가 찾아온 이 가정에 평안과 사랑이 늘 넘치도록 엄마와 아빠가 기도하며 준비할게. 너는 그저 건강하게 무럭무럭 자라 주면 돼. 우리의 사랑과 기쁨인 아가야, 사랑해.

🙏 아기를 위한 기도

놀라우신 하나님, 한 주 동안 우리를 지켜 주셔서 감사합니다.

과학으로 무엇이든 만들 수 있는 세상이 되었다지만, 생명은 오직 하나님께만 속해 있음을 고백합니다. 아기의 심장을 뛰게 하시는 분도 오직 하나님이십니다.

사랑과 지혜로 우리를 지으신 주님. 지금도 당연한 듯 움직이는 저의 몸 안에도 하나님의 섭리가 가득합니다. 주님께서는 인간을 우주만큼 복잡하고 아름다우며 질서 있게 창조하셨습니다.

이 시간에도 저희 아기를 놀랍게 성장시키시며 신경 조직과 신체 주요 기관을 만드시는 하나님을 찬양합니다. 한 부분이라도 빠짐없이 온전하고 건강하게 지어 주시고, 머리부터 발끝까지 주의 사랑으로 보호해 주세요.

부모가 되는 일은 역시 어렵지만, 주님과 함께 작은 산을 하나씩 넘으며 저희도 성장하고 싶습니다. 입덧으로 괴로운 시간에도 평안을 주시고 건강을 지켜 주세요. 어려울 때마다 부부가 도리어 더 견고하게 하나 될 수 있도록 도와주세요.

우리의 아버지 되시고, 아기의 창조자가 되신 하나님을 찬양합니다. 예수님의 이름으로 기도드립니다. 아멘.

40 WEEKS PRENATAL
EDUCATION NOTE
FOR CHRISTIAN PARENTS

우리 아기를 위한
(기도문, 편지, 일기)

6주차

40 WEEKS PRENATAL EDUCATION NOTE FOR CHRISTIAN PARENTS

여호와를 사랑하는 너희여 악을 미워하라 그가 그의 성도의 영혼을 보전하사 악인의 손에서 건지시느니라 (시 97:10)

지금 아기는

폐가 형성되고 뇌가 발달하기 시작합니다. 끊임없는 세포 분열을 통해 신체 기관들이 형성되고 얼굴에도 이목구비가 자리 잡기 시작했어요. 초음파 검사 때 아기의 심장 소리를 들을 수 있어요. 아기의 심장은 1분에 150회 내외로 빠르게 뜁니다.

지금 엄마는

체형에 변화가 조금씩 일어나요. 속옷에 착상혈이 묻어나는 경우가 있으나 출혈이 계속될 경우 반드시 병원에 가야 합니다. 임신 후 호르몬 수치가 증가하면서 감정의 변화를 경험할 수도 있어요. 이는 임신에 따른 자연스러운 변화이므로 가족의 따뜻한 이해와 격려가 필요해요.

🍼 소중한 아기에게

너의 심장 소리는 즐거운 음악 같구나.

오늘도 부지런히 몸 이곳저곳 만드느라 바빴지? 엄마는 네 작은 모습을 떠올리면 금방 행복해진단다. 아직 너는 씨앗처럼 작지만 네 몸에는 꽃과 잎사귀 같은 어여쁜 팔, 다리, 손가락, 발가락이 숨어 있어. 조금 있으면 그것들이 꼬물꼬물 움직이기도 할 거야. 몸을 움직인다는 건 정말 신나는 일이란다.

사람에게는 몸 뿐 아니라 더 중요한 부분이 있어. 영(魂)과 마음이지. 너의 몸은 지금 엄마 품에서 자라고 있지만, 마음과 영(魂)은 맨 처음 하나님이 널 우리에게 보내실 때 함께 왔을 거야. 마음은 몸을 어떻게 움직일지 결정한단다. 누군가를 사랑하는 마음을 품으면, 눈은 그 사람을 바라보게 되고 손과 발은 사랑하는 사람을 도와주게 되지. 엄마와 아빠의 마음에 네가 들어온 이후, 우리는 매일 네가 있는 자리를 쓰다듬고 목소리를 들려주고 있단다.

엄마와 너의 몸은 서로 연결되어 있고, 마음과 감정도 전달되고 있대. 아빠는 마음으로 너와 연결되어 있단다. 아가야, 네 안에서도 마음이 자라고 있지? 너도 우리의 마음을 느낄 수 있을 거라 믿으며 오늘도 사랑을 전할게. 아가야, 사랑해.

💗 아기를 위한 기도

온 우주와 자연 만물을 창조하신 하나님, 그 놀라우신 섭리로 오늘도 우리 아기를 창조해 주셔서 감사합니다. 지금 이 시간에도 세포와 장기와 조직과 신경이 만들어지고 있는 아기와 함께하시고, 온전하고 건강하게 만들어 주세요.

몸 뿐 아니라 아기의 마음과 성품도 건강하고 아름답게 지어 주시고, 주께서 주신 선한 마음으로 많은 사람들을 이롭게 하는 아이가 되도록 축복해 주세요. 때에 따라 무럭무럭 성장하며, 주님의 선한 계획이 이 아이의 일생 동안 신실하게 이루어질 것을 신뢰합니다.

우리는 다 연약하여 자주 실수하고 넘어지지만 그럼에도 주의 사랑을 의지하며 조금씩 성숙에 이를 수 있음을 믿습니다. 이 아이가 자라면서 실패와 실수가 반복되어도 하나님의 사랑과 은혜로 새 힘을 얻고 눈부시게 변화하며 성장하도록 아이의 삶을 붙들어 주십시오.

부모라는 이 귀한 부르심을 성실히 감당하기를 소망합니다. 저희 부부 역시 아이와 함께 성장하는 부모가 되도록 날마다 지혜와 힘을 더해 주세요. 임신 기간 동안 엄마와 아빠 모두 건강하고 안정적인 날들을 보내도록 지켜 주세요.

우리를 보호하시며 자라게 하시는 하나님을 찬양합니다.

예수님의 이름으로 기도드립니다. 아멘.

40 WEEKS PRENATAL
EDUCATION NOTE
FOR CHRISTIAN PARENTS

우리 아기를 위한
(기도문, 편지, 일기)

7 주차

40 WEEKS PRENATAL EDUCATION NOTE FOR CHRISTIAN PARENTS

주께서 행하신 일을 주의 종들에게 나타내시며 주의 영광을 그들의 자손에게 나타내소서
(시 90:16)

지금 아기는

태아는 1cm정도로 아주 작지만 어느 정도 사람의 형상을 찾아가면서 꼬물꼬물 움직이고 있어요. 이목구비가 형태를 갖추고 우뇌와 좌뇌가 발달해요. 이번 주부터 아기는 급격하게 성장하면서 세밀한 부분까지 발달할 것입니다.

지금 엄마는

입덧이 더 심해질 수 있어요. 아침 공복을 피하기 위해 잠자리 머리맡에 간단한 간식을 준비해 두었다가 기상하자마자 먹는 것이 좋아요. 이 시기에는 태아에게 요구되는 영양분이 많지 않기 때문에 먹지 못한다고 해서 지나치게 걱정할 필요는 없어요.

🍷 소중한 아기에게

사랑하는 아가야. 오늘도 기분 좋은 하루 보내고 있니?
엄마는 심장이 빠르게 뛰며 수많은 세포와 기관들을 만들어 내는 네 모습을 상상하고 있어. 그 어떤 미술 작품이나 무대 예술보다 아름다운 과정일 거야. 너는 너의 온몸을 짓고 계신 손길을 느끼고 있겠구나.
그분은 우주에서 가장 탁월한 창조자이시고 너를 계획하시며 사랑하시는 전능하신 하나님이시란다. 우리 모두는 그분의 손으로 지음 받았어. 엄마도 아빠도 말이야.
지금 너는 아주 작지만 곧 놀랍게 쑥쑥 자라날 거란다. 앞으로 엄마의 배가 더 불러오고, 마침내 네가 태어나게 되면 꽃처럼 활짝 핀 웃음을 볼 수 있겠지? 입덧으로 쉽지 않은 날들을 보내다가도 그날을 떠올리면 미소가 저절로 나온단다.
생각만 해도 행복하게 해 줘서 고마워. 사랑해, 우리 아가.

💕 아기를 위한 기도

날마다 새 아침을 주시는 신실하신 하나님. 오늘도 저희와 아기에게 새 날을 주시고 감사와 평안으로 함께하셔서 감사합니다.
하나님, 저희에게 주신 아기가 주님이 주신 세월을 아끼며 하루하루를 지혜롭게 살아가는 아이가 되게 해 주세요. 주께서 주신 달란트를 잘 사용하며 주의 영광을 드러내기를 소망합니다. 남과 자신을 비교하지 않고, 오늘 나에게 주신 과업과 하나님과의 관계에 더 집중하며 언제나 평안을 잃지 않도록 도와주세요.

주께서 허락하신 하루를 넘치는 기쁨과 감사로 보내도록 축복해 주세요. 예수님의 이름으로 기도합니다. 아멘.

40 WEEKS PRENATAL
EDUCATION NOTE
FOR CHRISTIAN PARENTS

우리 아기를 위한
(기도문, 편지, 일기)

8주차

40 WEEKS PRENATAL EDUCATION NOTE FOR CHRISTIAN PARENTS

너희 안에서 착한 일을 시작하신 이가 그리스도 예수의 날까지 이루실 줄을 우리는 확신하노라 (빌1:6)

지금 아기는

배아 때부터 있던 꼬리가 거의 없어졌어요. 팔과 다리에는 관절이 생겨서 구부리고 펴며 움직일 수 있답니다. 이전까지는 눈자위만 드러났으나 이제는 눈꺼풀도 생겼어요. 뇌에서는 신경 세포가 발달하고 있어요.

지금 엄마는

몸의 변화를 서서히 느끼고 있기 때문에 편안한 옷을 입는 게 좋아요. 아기에게 먹일 모유를 만들기 위해 가슴이 준비를 시작해요. 가슴이 전보다 커지면서 이제까지 입었던 속옷이 불편해질 수도 있어요.

🍷 소중한 아기에게

사랑하는 아가야.

내 몸속에 네가 있다는 게 가끔은 실감 나지 않기도 해. 그건 아직 네가 아주 작고 작기 때문일 거야. 하지만 바로 이 시간이 정말 중요하다고 들었어.

아가야, 너는 지금 아주 중요한 시기를 보내고 있단다. 앞으로 너의 평생을 함께 살아갈 네 몸이 만들어지고 있기 때문이지. 엄마는 너를 돕기 위해 좋은 영양분을 섭취하고 되도록 무리하지 않으려 노력하고 있어. 너의 좋은 집이 되고 싶단다.

네가 우리에게 온 지 이제 8주가 되었어. 그동안 엄마는 어리석게도 때로는 불안에 사로잡히기도 했어. 그렇지만 널 보내 주신 하나님을 굳게 믿으며 씩씩하게 널 품을 거야. 그러니 안심하렴. 우리 가족 모두를 지켜 주시는 전능하신 하나님이 늘 함께하시고, 너와 엄마를 든든히 지켜 주시는 아빠도 곁에 있고, 또 널 품고 지키는 엄마가 있으니 말이야.

시간이 갈수록 널 더욱 사랑하게 되는구나.

아가야, 우리에게 와 줘서 고마워.

🙏 아기를 위한 기도

하나님. 주님의 신실한 계획 안에서 저희와 아기가 서로 만날 수 있게 인도하심을 감사드립니다.

사람은 자기가 태어날 곳을 스스로 정할 수 없지만, 하나님께서는 모든 개인을 향한 계획과 부르심을 정하셨고 그 안에서 가장 좋은 길로 인도하십니다. 우리 모두는 철저히 그 섭리 안에서 일생을 시작하며 또 살아갑니다.

저희에게 주신 이 아기가 앞으로 태어나 살아갈 때에 하나님의 신실하고 정확한 섭리 안에서 좋은 사람들을 만나며 유익을 얻게 해 주세요. 때로 갈등을 겪는다 해도 함께 풀어내며 성숙해질 수 있는 믿음의 친구들을 만나게 해 주세요. 하나님이 인도하신 관계를 통해 사랑과 배려, 합력하여 선을 이루는 것을 배우며 하나님 나라의 시민답게 살도록 인도해 주세요.

불안정한 임신 초기를 지나 여기까지 지켜 주셔서 감사합니다. 앞으로 여러 일을 또 만나겠지만 주의 보호하심 안에 안전히 머물게 될 것을 믿고 감사드립니다. 저희와 아기와 늘 함께하시는 주님을 찬양합니다. 예수님의 이름으로 기도드립니다. 아멘.

40 WEEKS PRENATAL
EDUCATION NOTE
FOR CHRISTIAN PARENTS

우리 아기를 위한
(기도문, 편지, 일기)

9 주차

40 WEEKS PRENATAL EDUCATION NOTE FOR CHRISTIAN PARENTS

> 우리가 지금은 거울로 보는 것 같이 희미하나 그 때에는 얼굴과 얼굴을 대하여 볼 것이요 지금은 내가 부분적으로 아나 그 때에는 주께서 나를 아신 것 같이 내가 온전히 알리라
> (고전 13:12)

지금 아기는

몸속의 여러 기관과 근육, 신경이 가장 활발히 발달하고 있어요. 어느 정도 신체 구조가 자리를 잡으면 앞으로 놀라운 속도로 몸이 불어나게 될 거예요. 이목구비의 모양이 더 또렷해졌고 형태만 보였던 손가락도 더 길어졌어요.

지금 엄마는

생리할 때처럼 배가 빵빵해진 느낌이 들 수 있어요. 호르몬의 변화로 소화가 잘 되지 않거나 속이 불편할 수도 있고, 감정이 들쑥날쑥해지기도 합니다. 가족과 지인들이 긍정적인 말들로 공감과 격려를 많이 해 주어야 해요.

🍷 소중한 아기에게

아가야.

엄마와 아빠의 사랑으로 빚어진 우리 예쁜 아가야. 우리는 네가 찾아오기 전부터 널 기다렸단다. 네가 앞으로 태어나 자랄 곳은 우리 집이야. 지금은 엄마와 아빠만 살고 있지만 앞으로 네가 이곳을 뛰어다니며 주름잡게 될 거야. 엄마와 아빠는 서로 사랑하고 의지하면서 너의 부모가 될 준비를 하고 있어. 우리가 먼저 다져 놓은 깊은 사랑에 네가 폭 안겨올 그날을 떠올리니 벌써 행복하구나!

사랑에는 여러 가지 방법이 있단다. 사랑은 상대방이 무엇이 필요한지 살펴보고 그걸 채워 주려 노력하는 거야. 사랑을 하면 그 사람을 돕고 싶어지지. 아빠는 엄마와 너를 사랑해서 많은 걸 도와주고 채워 주고 있어. 엄마도 아빠를 사랑하기 때문에 더 보살펴 주려고 노력하고 있지. 아! 그리고 사랑은 서로 더욱 고마워하는 것이기도 해. 그래서 엄마와 아빠도 서로의 사랑에 고마워하고 있고, 그러다 보면 사랑이 더 깊어진단다. 신기하지?

아가야. 우리는 너를 사랑해. 우리는 네게 필요한 걸 채워 주고 널 도와주기 위해 노력할 거야. 나중 일은 걱정 말고 건강하게 쑥쑥 자라 주렴. 오늘도 열심히 몸을 키우고 성장한 너를 응원해. 엄마 몸속에 튼튼하게 잘 자리 잡아 주어서 고마워. 앞으로도 잘 지내보자.

사랑해, 아가야.

🙏 아기를 위한 기도

전능하신 하나님.

땅과 하늘이 생기기 전부터 주님은 우리를 생각하셨습니다. 작은 일에 낙심하거나 눈앞에 놓인 것을 잡기 위해 아등바등할 때, 나보다 훨씬 더 높고 넓으신 하나님을 떠올리면 세상의 일을 잊게 됩니다.

아기의 미래와 부모로서 앞으로 겪을 날들을 주님의 손에 올려 드립니다. 저는 아기에게 더 좋은 걸 주기 위해 정보를 찾아보기도 하고, 나에게 장차 주어질 고난을 헤아려보다 쉬이 울적해지기도 합니다. 하지만 저희의 미래는 확실하고 안전한 주의 손에 달려있음을 믿음으로 다시금 고백합니다.

하나님, 저희 가정을 살피시고 가장 좋은 길로 인도해 주세요. 아기가 태어나고 자라는 모든 과정에서 필요한 것들을 때에 맞게 공급해 주세요. 저희가 부모로서 잘 준비되도록 몸과 마음을 날마다 새롭게 해 주세요. 하나님의 선하신 계획을 신뢰하며 근심과 걱정을 내려놓고 기쁨으로 이 시간을 보내도록 인도해 주세요. 내 생각과 욕심으로 아이를 키우지 않고, 지금부터 주님이 주신 지혜를 품고 아이와 소통하도록 도와주세요. 목자 되신 예수님만 따라가겠습니다.

예수님의 이름으로 기도합니다. 아멘.

40 WEEKS PRENATAL
EDUCATION NOTE
FOR CHRISTIAN PARENTS

우리 아기를 위한
(기도문, 편지, 일기)

10 주차

40 WEEKS PRENATAL EDUCATION NOTE FOR CHRISTIAN PARENTS

주께서 하신 말씀이 반드시 이루어지리라고 믿은 그 여자에게 복이 있도다 (눅 1:45)

지금 아기는

뇌를 비롯하여 여러 장기들이 제 역할을 하기 시작했어요. 배아 때부터 갖고 있던 난황도 이제 사라졌답니다. 머리는 전체적인 비율에 맞도록 전보다 좀 더 작아졌어요. 아주 작은 솜털과 손톱, 발톱도 자라나기 시작했어요.

지금 엄마는

자궁이 점점 커지고 있어요. 가끔씩 자궁 주변이 당기는 듯한 복통이 일어날 수 있지만, 자궁이 커지면서 이를 지탱하던 인대가 영향을 받아 생기는 것이므로 너무 걱정하지 않아도 됩니다. 그렇지만 복통과 더불어 출혈이나 현기증 등의 증상이 나타나면 꼭 병원에 가야 해요.

🎀 소중한 아기에게

아가야.

너는 이제 배아가 아니라 태아가 되었대. 지금의 네 몸은 엄마 아빠와 더욱 비슷해졌을 거야. 처음에 네게 영양을 공급해 주었던 난황도 없어지고, 이제는 엄마와 더욱 착실히 연결되어 엄마가 주는 영양분을 받게 될 거야.

새로 생긴 손톱과 발톱은 어떨까? 엄마는 지금 작고 앙증맞은 손과 발을 열심히 움직이며 수영하는 널 그려 보고 있어. 아직 나는 네 움직임을 느낄 수 없지만 상상만으로도 이렇게 행복해지는구나. 쑥쑥 잘 자라 주어서 고마워.

엄마는 여전히 조심히 지내고 있어. 네가 엄마 몸속에서 더 잘 자리 잡으려면 무리해선 안 되거든. 되도록 자주 쉬려고 노력하고 아빠는 그런 엄마를 잘 도와주고 있단다. 엄마가 잘 쉬고 편안히 잠잘 때마다 네가 더 자라는 것 같아. 네 몸이 잘 성장하고, 엄마의 좋은 마음이 네게 전달되도록 더 노력할게.

엄마와 아빠도 한때는 너처럼 작디작은 아기였단다. 정말 신기하지? 우리 모두는 하나님의 은혜와 섭리 안에서 성장하고 있기 때문에 이렇게 자라날 수 있었지. 아가야, 너도 그 은혜 안에서 자라고 있단다. 엄마보다 아빠보다 더 크고 멋진 사람으로 성장하길 축복해.

사랑해 아가야!

🐻 아기를 위한 기도

하나님.

오늘도 저와 아기를 자라게 하셔서 감사드립니다. 주께서는 우리를 처음부터 완성시키지 않으시고 '성장'하는 은혜를 주셨습니다. 아기가 자라나는 모습을 보면서, 인간은 모두 한때 이렇게 작은 아기로 태어났다는 사실이 신비롭게 느껴집니다. 주님의 질서와 섭리를 찬양합니다.

주 앞에서는 모두가 아기와 같은 존재인 것을 고백합니다. 우리는 다 약하고 불완전하지만, 주님께 접붙인 바 되어 날마다 공급하시는 은혜를 먹으며 자라 갈 수 있음에 감사드립니다.

저희에게 주신 이 소중한 아기에게도 매일 새로운 은혜를 공급해 주세요. 신체와 장기와 신경이 온전히 형성될 뿐 아니라 성품과 정서 또한 건강하고 아름답게 지어 주시길 원합니다. 주께서 아이의 영혼의 친구가 되어 주시고, 아이의 영과 혼과 육이 주 안에서 건강하게 자라나도록 축복해 주시길 간구합니다.

저희도 매일 더 주와 가까워지길 원합니다. 이제 부모가 되었지만, 하나님 앞에 자녀로서 머물며 새 힘과 사랑을 공급받기를 소망합니다. 그렇게 일하실 주님을 신뢰하고 찬양합니다.

예수님의 이름으로 기도드립니다. 아멘.

40 WEEKS PRENATAL
EDUCATION NOTE
FOR CHRISTIAN PARENTS

우리 아기를 위한
(기도문, 편지, 일기)

11 주차

40 WEEKS PRENATAL EDUCATION NOTE FOR CHRISTIAN PARENTS

그런즉 너희가 먹든지 마시든지 무엇을 하든지 다 하나님의 영광을 위하여 하라 (고전 10:31)

지금 아기는

배아 때의 모습을 완전히 벗고 사람다운 형태가 갖춰졌어요. 피부는 아직 투명해서 혈관이 들여다보이고, 뼈도 아직 단단히 굳지 않았어요. 하지만 끊임없이 온몸을 움직이며 신체를 발달시키고 있어요.

지금 엄마는

입덧이 좀처럼 멎지 않을 수 있지만 곧 끝난다는 걸 기억하세요. 아기가 자라면서 자궁이 커지고 생리통 같은 통증을 느낄 수 있어요. 몸을 따뜻하게 한다는 이유로 너무 뜨겁게 하지 않도록 주의하세요.

🍼 소중한 아기에게

사랑하는 우리 아가야.

너는 이제 더 어엿한 모습의 사람이 되었어. 갓 돋아난 팔과 다리를 이제는 살랑살랑 움직일 수 있대! 어떠니? 하나님이 멋지게 지어 주신 네 몸이 마음에 드니? 네 몸의 각 부분은 아마 아빠와 엄마를 골고루 닮았을 거야. 엄마의 양수 속에서 마음껏 헤엄치고 놀고 있으렴. 그러면서 네 관절도 더 튼튼해질 테니 말이야.

너의 작은 몸을 축복해. 앞으로 튼튼하게 더 쑥쑥 자라서 마음껏 세상을 누비고 다니게 될 거야. 네 몸은 씨앗처럼 작지만, 앞으로 커다란 나무가 되어 많은 열매를 맺고 시원한 그늘을 내어 주게 될 거란다.

너의 마음을 축복하고, 그곳에 예수님이 오셔서 다스리시길 기도해. 앞으로 더욱 굳세게 자라서 네 몸과 삶을 지탱하는 힘을 갖게 될 거야. 하나님과 이웃을 사랑하고 옳은 일을 기꺼이 선택하며 좋은 이들과 마음을 넉넉히 나누게 될 거란다.

너의 비전을 축복해. 엄마 아빠는 아직 네가 무엇을 좋아하고 어떤 가치를 따르는 사람이 될지 몰라. 하지만 하나님은 이미 너를 디자인하셨단다. 네가 태어나는 이유는 하나님께서 너를 통해 이루실 일이 있기 때문이야. 우리 모두는 바로 그 예쁜 선물들을 받았단다. 네가 부르심을 발견하고 즐겁게 그 길을 걸어가길 축복해.

네가 있다는 것만으로도 우리는 기뻐. 온 맘으로 널 환영하고 있어. 앞으로도 행복하게 잘 자라자. 알겠지?

고마워. 사랑해.

아기를 위한 기도

하나님.

우리에게 아름다운 세상을 선물해 주셔서 감사합니다. 우리를 지으시기 전부터 인간이 살 수 있는 자연과 환경을 조성하시고 우리로 하여금 거기서 아름다움과 편안함을 느끼도록 주께서 창조하셨습니다. 강과 바다의 풍경, 풀과 꽃의 향기, 숲이 주는 이로운 바람. 모든 것이 하나님의 작품이고 선물입니다. 때로는 소나기를 만나거나 돌부리에 발이 채일 수 있고 무서운 들짐승과 마주칠 수 있지만 하나님 안에서 모든 것이 어우러져 균형과 아름다움을 이루는 것을 고백합니다.

우리에게 생명과 삶을 주신 하나님, 살아가면서 하나님이 지으신 아름다운 세계를 더 많이 누리며 감사하고 싶습니다. 저희에게 주신 귀한 이 생명이 자라나면서 세상과 인생에 숨겨진 주의 섭리를 발견하고 아름다움을 느끼며 감사하며 살도록 도와주세요. 추운 계절이 오고 때로는 넘어져도 거기서 의미를 발견하며 주신 삶을 누리길 소망합니다. 생명과 구원이 얼마나 큰 선물인지 깨닫고 주의 은혜를 찬양하며 사는 아이로 자라도록 주님 축복해 주세요.

이 아이가 살아갈 세상을 축복합니다. 사람이 서로 존중하며 돕는 사회, 고유의 자연 환경을 지켜 가는 세상, 하나님의 공의와 정의로 다스려지는 나라가 되기를 원합니다. 날마다 새 일을 이루시는 하나님을 찬양합니다.

예수님의 이름으로 기도합니다. 아멘.

40 WEEKS PRENATAL
EDUCATION NOTE
FOR CHRISTIAN PARENTS

우리 아기를 위한
(기도문, 편지, 일기)

12 주차

40 WEEKS PRENATAL EDUCATION NOTE FOR CHRISTIAN PARENTS

여인이 어찌 그 젖 먹는 자식을 잊겠으며 자기 태에서 난 아들을 긍휼히 여기지 않겠느냐 그들은 혹시 잊을지라도 나는 너를 잊지 아니할 것이라 내가 너를 내 손바닥에 새겼고 너의 성벽이 항상 내 앞에 있나니 (사 49:15-16)

지금 아기는 ─────

얼굴 양쪽에 있던 두 눈이 더 안쪽으로 자리 잡았어요. 양수를 마시고 소변으로 배출할 수 있게 되었어요. 신경 세포가 급격히 증가하면서 뇌에서는 시냅스가 형성되고 있답니다. 아기의 몸은 전보다 더 복잡한 기능을 수행하고 있어요.

지금 엄마는 ─────

임신선이 발달하기 시작해요. 몸과 마음이 호르몬의 영향을 받아 변화할 수 있어요. 자연스럽게 받아들이며 기운을 되찾도록 즐거운 활동을 계획해 보세요. 임신 전에 입었던 몸에 꼭 맞는 옷들은 이제 정리해서 넣어 두는 것이 좋아요.

🎙 소중한 아기에게

사랑스런 아가야!

좋은 소식을 전할게. 이번 주가 지나면 네가 아주 잘 자리 잡게 되어서 본격적인 안정기가 시작된대. 네 작은 몸으로 열심히 엄마 몸에 뿌리내리느라 고생 많았지? 엄마의 마음도 한결 편안해졌단다.

이제 엄마는 조금씩 배가 나오기 시작했어. 네가 거기 있다는 게 더욱 실감이 나는구나. 배를 살살 쓸어내릴 때마다 너를 어루만지는 기분이 들어. 너도 엄마의 손길이 느껴지니?

입덧으로 엄마도 힘들고, 그런 엄마를 돕느라 아빠도 힘들 때가 있지만 이런 괴로움은 네가 있다는 기쁨에 비하면 아무것도 아니란다. 네가 건강하고 즐겁게 자라난다고 생각하면 엄마 아빠는 어떤 힘든 일도 견딜 수 있어. 그만큼 너는 우리에게 아주 소중하단다.

아가야, 너는 많은 사람에게 사랑과 축복을 전하기 위해서 이 땅에 왔단다. 너를 지으신 분은 너를 향한 완전하고 아름다운 계획을 갖고 계셔. 엄마와 아빠도 너와 같은 목적으로 가지고 세상에 태어났어. 하나님께서는 우리 가정을 더 많은 이웃을 복되게 하는 일에 사용하실 거야. 안타깝게도 이 세상에는 자기 욕심을 이루기 위해 무작정 목적 없이 달려가는 사람들이 아주 많단다. 때로는 엄마 아빠도 하나님의 부르심을 잊고 그런 실수를 저지르기도 했어. 아가야, 네가 자라나면 우리는 서로를 일깨워 주고 돕는 가족이 되자꾸나. 엄마와 아빠도 네 이야기를 경청하도록 노력할게. 그래서 모두 함께 하나님의 부르심을 이루어 가는 거야. 정말 멋지겠지? 그날이 어서 오면 좋겠다.

오늘도 네게 사랑을 전할게. 사랑해, 아가야.

아기를 위한 기도

하나님. 완전하신 창조의 섭리 안에서 우리를 이제까지 보호해 주셔서 감사합니다.

때로는 파도 같은 불안을 맞서야 했지만, 참된 평안은 언제나 주님 안에 있었음을 고백합니다. 생명을 주신 분도 하나님이시요, 지키시며 태어나게 하시는 분도 하나님이십니다. 주님께서는 실수가 없으시고 우리를 향한 완전한 계획을 가지고 계심을 믿습니다.

한 사람을 키우는 일에는 많은 물질이 필요하다고 사람들은 말합니다. 하지만 저희 가정이 돈을 섬기지 않고 모든 필요를 채우시는 하나님을 신뢰하는 가정으로, 세상에서 흔들리지 않기를 원합니다.

주님께서는 우리의 아버지가 되셔서 우리의 모든 필요를 아시며 채워 주십니다. 저희 가정의 필요를 늘 채워 주셨던 것처럼 이 아이가 살아갈 동안 필요한 모든 것을 살피시고 채워 주시길 기도합니다.

이 아이가 살아가는 동안 필요한 것이 많습니다. 아이의 먹을 것과 입을 것과 놀고 쓸 것들을 채워 주시고, 마음과 영혼의 필요까지 살펴 주세요. 때에 따라 갈 길을 인도하시는 주의 말씀을 주시고, 서로 기대며 힘을 얻을 믿음의 친구들, 지혜와 성품을 가꾸는 좋은 교육 과정, 삶에 즐거움을 더할 건전한 취미와 취향, 세상과 사람을 바라보는 깊은 통찰과 사유, 감사와 자족이 넘치는 삶의 태도를 주시기를 원합니다.

저희 가정의 목자 되신 아버지, 우리의 기도를 들으시고 응답하실 것을 믿으며 감사와 찬양을 드립니다.

예수님의 이름으로 기도합니다. 아멘.

40 WEEKS PRENATAL
EDUCATION NOTE
FOR CHRISTIAN PARENTS

우리 아기를 위한
(기도문, 편지, 일기)

13 주차

40 WEEKS PRENATAL EDUCATION NOTE FOR CHRISTIAN PARENTS

예수는 지혜와 키가 자라가며 하나님과 사람에게 더욱 사랑스러워 가시더라 (눅 2:52)

지금 아기는 ─────

전보다 더 몸의 균형이 잡혔어요. 머리의 크기는 비율에 맞게 좀 더 작아졌어요. 손가락에는 지문이 새겨졌고, 몸은 점점 더 쑥쑥 자라고 있답니다. 생식기가 발달하지만 아직 초음파로 확실히 보이지는 않아요.

지금 엄마는 ─────

이번 주부터 본격적인 안정기가 시작됐어요. 수치상으로 유산 확률이 현저히 줄어들고, 몸도 조금 더 편해질 거예요. 다음 주는 임신 기간 중 가장 안정적이라고 할 수 있는 중기가 시작되니 여기까지 오느라 수고한 엄마와 아기를 격려해 주세요.

🍷 소중한 아기에게

사랑하는 아가야.

너는 아직 작지만 몸의 균형이 거의 잡혔다고 해. 너의 작은 손가락에는 벌써 지문이 새겨져 있대. 그리고 네가 양수를 삼키면 소화 기관을 따라 흘러서 소변으로 배출한다고 하더구나. 이제는 정말 엄마 아빠와 비슷한 형상으로 성장하고 있는 거야. 네가 대견스럽구나.

많은 사람들이 네 성별을 궁금해 하고 있어. 혹은 물어보기도 해. 딸이면 좋겠는지, 아들이면 좋겠는지 말이야. 하지만 미리 얘기할게. 엄마와 아빠는 네가 아들이든 딸이든 전혀 상관없단다. 우리는 네가 어떤 모습이든지 너를 사랑하고 기쁨으로 받아들일 거야. 너는 그냥 너 자신으로서 건강하게 자라고 즐겁게 살아가면 돼. 네가 우리에게 와 주었다는 사실과 네가 거기 있어 준다는 것만으로도 우리는 이미 행복하고 감사하단다.

우리는 아직 네 성별을 모르지만, 너의 소중한 생식기는 이미 제 역할을 시작했다고 하는구나. 네가 여자아이라면 난소가, 남자아이라면 벌써 고환이 만들어졌을 거야. 어떤 모습을 가졌든지, 주어진 삶을 산다는 건 놀라운 축복이란다. 네가 균형 잡힌 한 사람으로 자라나도록 엄마 아빠도 도와줄게.

예전에는 길을 지나는 어린아이를 봐도 별 느낌이 없었는데, 이제는 모두가 귀엽고 사랑스럽게 보여. 너를 품고 나서 우리는 더 아름다운 눈과 마음을 갖게 되었어.

고마워, 아가야. 사랑해!

아기를 위한 기도

언제나 신실하게 우리 기도에 응답하시는 하나님.
세상 모든 사람의 손끝에 각기 다른 지문을 새기시고, 모든 이들에게 각자 다른 성격과 특성을 주시는 하나님의 섬세하심을 찬양합니다. 주께서는 한 사람 한 사람을 모두 다르게 디자인하셨습니다. 저희에게 주신 귀한 아기에게도 하나님의 섬세하고 아름다운 뜻과 디자인이 지금 이 시간에도 새겨지고 있음을 믿습니다.
예수 그리스도께서 키와 지혜가 함께 자라고 하나님과 사람들에게 사랑받으셨던 것처럼, 우리 아기 역시 신체와 정신, 정서가 균형 있게 자라나며 하늘과 땅에서 사랑받기를 소망합니다.
하나님의 형상을 따라 지음 받은 이 아기에게 지, 정, 의가 고루 성장하도록 축복하시고, 어느 한 편으로 치우쳐 편견과 선입견을 가지지 않도록 날마다 아이의 마음을 새롭게 해 주세요. 언제나 겸손히 배울 수 있는 자세를 주시고, 남과 자신을 비교하지 않으며, 꼭 필요한 순간에만 자존심을 사용하여 쉽게 분과 투기를 품지 않도록 도와주세요. 아이의 성품이 깊고 아름다워져 피차 도움을 주고받을 수 있는 아름다운 관계들이 많아지도록 축복해 주세요. 하나님의 진리대로 살아가면서 세상에 더 많은 유익을 끼치는 삶이 되도록, 이 아이의 발걸음을 인도하시고 복을 주시길 원합니다.
아기를 품으면 품을수록 하나님의 섭리를 더 기대하게 됩니다. 저의 삶에 신실하게 일하신 하나님께서 아이의 인생 역시 책임지실 것을 믿습니다.
예수님의 이름으로 기도드립니다. 아멘.

40 WEEKS PRENATAL
EDUCATION NOTE
FOR CHRISTIAN PARENTS

우리 아기를 위한
(기도문, 편지, 일기)

14 주차

40 WEEKS PRENATAL EDUCATION NOTE FOR CHRISTIAN PARENTS

나의 영혼아 잠잠히 하나님만 바라라 무릇 나의 소망이 그로부터 나오는도다 (시 62:5)

지금 아기는 ─────────

임신 초기에 급격하게 성장하며 중요한 부분은 거의 발달을 마쳤어요. 이제는 몸의 성장이 가속화되고 움직임도 더 유연해졌어요. 아기의 몸은 미세한 솜털로 뒤덮여 있고, 팔과 다리도 더 길어질 거예요.

지금 엄마는 ─────────

슬슬 배가 불러오기 시작하지만 전보다 몸이 편안해졌어요. 입덧 증상도 거의 완화되고 전보다 기력이 좋아지는 걸 느낄 수 있어요. 안정기가 시작되었으니 불안과 스트레스를 떨치고 즐거운 생각과 마음을 가져 보세요.

🍼 소중한 아기에게

귀여운 우리 아가야.

오늘은 엄마 아빠의 이야기를 들려주고 싶어. 우리에게도 너와 같은 시절이 있었단다. 우리도 너처럼 아주 작은 아기로 어머니 품에서 자라고 있었지. 그때가 기억나진 않지만, 네가 자라는 모습을 보며 그때의 나를 상상하기도 해.

태어나고 나서도 스스로 할 수 있는 거라고는 자고 먹고 울고 싸는 게 전부였지. 나머지는 전부 어머니의 도움을 받았어. 그리고 조금씩 자라나면서 혼자 할 수 있는 게 많아졌고, 키도 쑥쑥 자랐단다. 그렇지만 여전히 잘 모르는 것이 많아서 실수도 아주 많이 했지. 가족들을 깜짝 놀라게 할 장난도 얼마나 많이 했는지 몰라. 때로는 혼나기도 했지만 용납하고 보살펴 주시는 큰 사랑을 받으며 지금까지 살아올 수 있었어.

어른이 되었다고 해서 꼭 뭐든지 잘하는 건 아니란다. 엄마 아빠도 때로는 실수하고 사고도 치고 울고 싶은 날이 많아. 그렇지만 전보다 조금씩 더 성장하는 것 같아. 앞으로 너를 키우면서도 부족한 게 많을 거라 생각해. 모르는 게 너무너무 많거든.

엄마와 아빠도 작은 아기였다는 걸 잊지 않으며 조급해하지 않으려고 해. 네가 네게 맞는 속도로 자라나도록 지켜보고 응원할게. 우리도 수없는 실수를 저질렀다는 걸 기억하면서 너의 실수를 가볍게 받아들이도록 노력할 거야.

사랑하는 아가야, 너의 몸과 마음이 자라날수록 엄마와 아빠도 더 자라갈 거야. 그렇게 서로 용납하고 사랑하는 가족이 되자. 어떠니?

우리의 소중한 아기로 와 줘서 고마워. 사랑해!

🎀 아기를 위한 기도

완벽한 창조자이신 하나님.
저희에게 주신 귀한 아기를 지금까지 조직하시고 자라게 하셔서 감사합니다. 주님께서는 신묘막측하게 우리를 지으시고 우주만큼 광대하며 정교하게 창조하셨습니다. 우리의 신체에는 참으로 하나님의 지혜가 충만합니다. 주의 흠 없고 완전하신 설계와 질서를 찬양합니다.
이 아이의 머리를 축복합니다. 주를 닮아 지혜롭게 하시고, 무엇에든지 참되며 경건하며 옳으며 정결하고 사랑과 칭찬받을 만한 것을 생각하도록 축복해 주세요. 몸의 필요를 따라 정확한 신호를 보내며 반응하게 하시고 척수와 호르몬이 알맞게 잘 분비되도록 지어 주세요.
아이의 뼈와 관절, 근육을 튼튼하게 해 주시고, 혈관과 혈액, 신경의 작은 부분까지 또한 흠 없이 조직해 주시길 원합니다. 심혈관계와 소화기관과 내분비계, 생식기의 모든 장기를 축복하시고 온전히 창조해 주세요. 아이의 오감이 건강히 발달되게 하시고, 아이가 살아가며 세상을 감각할 때 진리 안에서 자유롭게 인도해 주세요.
아이의 영혼의 눈과 마음을 축복해 주시고, 이 아이가 주께서 보시는 것을 보며 주께서 중요히 여기시는 일에 가치를 두기를 원합니다. 그리하여 몸과 영혼이 균형을 이루며 서로 합력하여 선을 이루는 건강한 삶을 살도록 날마다 함께해 주세요.
주의 선하심을 따라 아름답게 성장해 갈 아이의 모습을 기대하고, 그렇게 행하실 주님을 높여드립니다. 실수가 없으신 하나님을 찬양합니다.
예수님의 이름으로 기도드립니다. 아멘.

40 WEEKS PRENATAL
EDUCATION NOTE
FOR CHRISTIAN PARENTS

우리 아기를 위한
(기도문, 편지, 일기)

15 주차

곤고한 자가 이를 보고 기뻐하나니 하나님을 찾는 너희들아 너희 마음을 소생하게 할지어다
여호와는 궁핍한 자의 소리를 들으시며 자기로 말미암아 갇힌 자를 멸시하지 아니하시나니
(시 69:32-33)

지금 아기는

이제는 다리가 팔보다 더 길어졌어요. 아기의 시각과 미각이 발달하면서 빛과 맛을 느끼기 시작했어요. 가끔은 딸꾹질을 하기도 하고, 양수를 마시고 뱉으며 폐를 발달시키고 있답니다.

지금 엄마는

이제는 조금씩 운동을 시작하는 게 좋아요. 운동을 하면 출산과 회복에 도움이 될 뿐 아니라 기분도 더 좋아질 거예요. 임신에 따른 체중 증가를 확인하겠지만 모든 임산부가 겪는 일이니 울적해질 필요는 없어요.

🔍 소중한 아기에게

사랑하는 아가야.

엄마는 이제 임신 중기에 접어들었어. 그동안 네게도 많은 변화가 있었겠지? 너의 반짝이는 두 눈은 이제 빛에 반응하기 시작한대. 너의 귀엽고 작은 입은 엄마가 먹는 음식의 맛을 같이 느낄 수 있대. 엄마가 보고 듣고 냄새 맡고 먹는 모든 것이 너에게 전해진다고 생각하니까 행동을 더 조심하게 돼.

그런데 그뿐 아니라 엄마가 느끼는 감정까지 네게 전해질 수 있대. 엄마는 언제나 행복하고 즐거운 감정만 전하고 싶지만 사실 늘 그렇지는 못해. 엄마에게도 때로는 슬프고 외로운 날이 있단다. 가끔은 이유 없이 울적해지기도 해.

인간의 감정은 참으로 다양하단다. 그 모든 것들이 어우러지며 삶을 더 아름답게 만든다고 생각해. 네가 엄마의 다양한 감정을 미리 경험하는 것도 의미 있을 거야. 기쁨이 무조건 옳다거나 슬픔이 꼭 나쁜 건 아니란다.

이제 우리는 더 많은 걸 함께 나누게 되었으니 앞으로 엄마와 함께 삶의 여러 가지 빛깔을 살펴볼 수 있을 거야. 네게 아름답고 멋진 걸 더 많이 전하도록 엄마 아빠도 노력할게. 엄마와 아빠가 서로 사랑하는 마음도 네게 전해지면 좋겠구나. 네가 찾아온 이 가정이 따뜻하게 기억되길 늘 바라고 있어.

보고픈 아가야, 오늘도 튼튼하게 자라나렴. 사랑해!

🧸 아기를 위한 기도

선하신 하나님.
저희 가정에 날마다 선한 일을 이루어 주셔서 감사합니다. 삶에 여러 가지 일이 일어나지만 주께서는 우리가 다 알 수 없는 지혜와 섭리로, 가장 좋은 길로 인도하십니다. 그런 주님을 신뢰하고 찬양합니다.
하나님께서 허락하신 이 귀한 생명을 축복합니다. 태 속에서도 하나님의 영광의 임재 안에 있게 하시고, 아이의 영혼이 살아 계신 성령님을 만나기를 소망합니다.
현재 아이가 엄마와 신체적, 정서적으로 연결되어 있는데, 때로는 엄마가 슬프고 외롭기도 하고 스트레스를 받거나 몸이 힘든 날도 찾아옵니다. 실수로 좋지 않은 걸 먹을 수도 있고, 도심을 걸으며 오염된 공기를 호흡하기도 합니다. 저희가 모든 걸 다 해 아이를 지킨다고 하더라도 분명히 부족한 부분이 있음을 고백합니다. 삶이 늘 완벽할 수 없듯이, 저희는 원하지 않게 아이에게 좋지 않은 영향을 끼칠 수도 있을 것입니다. 그 실수와 삶의 빈틈까지 주님의 손에 맡깁니다. 하나님, 저희의 마음을 헤아려 주시고 아이에게 가장 좋은 것들이 전달될 수 있도록 보살펴 주시기를 간구합니다. 아이의 생사화복은 저희 손에 있지 않다는 걸 기억하면서, 작은 일에 조바심 내지 않고 선하신 하나님을 신뢰하며 평안히 이 시간을 지나도록 지켜 주세요.
저희에게 부모의 책임과 사명감을 더하시고, 안정적이고 따뜻한 정서로 임신 기간을 보낼 수 있도록 날마다 지켜 주세요. 언제나 선하신 아버지 하나님을 찬양합니다.
예수님의 이름으로 기도합니다. 아멘.

40 WEEKS PRENATAL
EDUCATION NOTE
FOR CHRISTIAN PARENTS

우리 아기를 위한
(기도문, 편지, 일기)

16 주차

40 WEEKS PRENATAL EDUCATION NOTE FOR CHRISTIAN PARENTS

형제들아 너희가 자유를 위하여 부르심을 입었으나 그러나 그 자유로 육체의 기회를 삼지 말고 오직 사랑으로 서로 종 노릇하라 (갈 5:13)

지금 아기는 ─────

아기의 키와 몸무게가 더 자랐어요. 이제는 거의 10cm 정도로 컸답니다. 앞으로도 더 쑥쑥 자랄 것이고 더 커진 몸을 움직이면서 엄마에게 태동을 전할 수도 있어요.

지금 엄마는 ─────

그동안 초음파로만 확인했던 아기가 움직임으로 존재를 증명할 거예요. 초산인 경우 태동을 느끼기까지 더 시간이 걸릴 수 있지만 조급해 할 필요는 없어요. 전보다 몸이 불어났기 때문에 임부복을 입는 것이 좋아요.

🎙 소중한 아기에게

아가야, 오늘은 뭐하고 놀았니?

엄마는 네가 무엇을 하고 무슨 생각을 할지 이따금 궁금하단다. 즐겁게 헤엄치며 멋진 팔다리를 뽐내고 있을까? 양수를 들이마시며 폐 주머니를 부풀리고 있진 않을까? 아니면 딸꾹딸꾹 딸꾹질을 하며 몸을 볼록볼록 움직이고 있을까? 엄마 아빠가 들려주는 이야기를 너도 듣고 있을까?

너도 바깥세상을 궁금해 하고 있을 것 같아. 지금은 따뜻한 양수 속이 너의 우주이고 전부이겠지만, 네가 앞으로 태어날 세상은 그보다 훨씬 더 넓고 복잡하단다. 엄마 아빠도 여태껏 가 본 곳보다 아직 가 보지 못한 곳이 더 많아. 너에게는 엄마 아빠보다 훨씬 더 크고 많은 가능성이 있어. 우리보다 더 넓은 세상을 경험하게 되길 축복해.

더 많은 땅을 밟을 수 없다고 해도 실망할 필요는 없어. 늘 같은 곳에 머문다고 해도 그 속에는 더 많은 세계가 숨겨져 있을테니까. 지나가는 사람들의 표정이나 누군가 성실하게 일하는 모습을 보면서도 우리는 다른 세상을 상상할 수 있어. 가던 길을 멈춰야 겨우 보일 만큼 작은 세계도 있단다. 지금 이 시간에도 개미들은 돌을 옮기고, 나무는 뿌리를 더 깊이 뻗고, 꽃은 향기를 만들고 있지.

네가 태어날 이 세상은 정말 아름답단다. 사실 아름다움은 어디에나 있지만, 그걸 발견하는 사람만 누릴 수 있어. 네가 더 넓은 세상을 경험하면서 거기 숨겨진 보물을 많이 발견하면 좋겠다. 꼭 그렇게 되길 진심으로 축복해. 엄마 아빠가 너를 응원할게. 사랑해, 아가야.

💗 아기를 위한 기도

살아 계신 하나님.

우리를 사랑하셔서 자유의지를 주시고, 주님을 따르기로 선택할 수 있게 하심에 감사드립니다. 주님께서는 우리를 로봇처럼 무조건 충성하는 존재로 만드실 수도 있었지만, 우리를 너무나 사랑하시기에 주께서 스스로 상처 받는 방법을 택하셨습니다. 주의 사랑을 발견하고 깨닫기까지 저희도 많은 시간이 걸렸지만, 하나님께서는 오래 참으시며 끝까지 기다려 주셨습니다. 하나님의 그 겸손과 인내를 찬양합니다.

아이가 자라나며 하나님을 알고 경험하길 소망합니다. 아이의 세계관과 가치관이 진리 안에 바로 서길 원합니다. 성령님, 이 아이에게 선과 악을 구별할 수 있는 지혜를 주세요. 그래서 삶에서 마주치는 온갖 선택의 순간 앞에 의로운 것과 선한 것을 선택할 수 있도록 믿음과 용기 또한 더하시기를 간구합니다. 원수는 교묘하게 거짓을 진리라고 속이며 우리를 미혹하지만, 그 앞에서 흔들리지 않는 올바른 분별력을 이 아이의 삶에 더하여 주세요. 하나님께서 귀하게 여기시는 가치를 아이에게 심어 주시고, 세상과 인생을 어떻게 바라봐야 하는지 진리로 가르쳐 주시길 기도합니다.

많은 사람들이 '이것이 옳다, 저것이 옳다' 말하지만, 오직 하나님만이 참된 기준과 진리가 되십니다. 세상을 창조하신 분께서 또한 세상을 다스리고 계심을 기억하며 주의 기준에 맞게 살아가도록 도와주세요.

예수님의 이름으로 기도합니다. 아멘.

40 WEEKS PRENATAL
EDUCATION NOTE
FOR CHRISTIAN PARENTS

우리 아기를 위한
(기도문, 편지, 일기)

17 주차

40 WEEKS PRENATAL EDUCATION NOTE FOR CHRISTIAN PARENTS

너희가 짐을 서로 지라 그리하여 그리스도의 법을 성취하라 (갈 6:2)

지금 아기는 ───────

뼈가 더 단단해지고 탯줄도 더 굵고 튼튼해졌어요. 눈썹과 머리카락이 자라고 몸 전체에 땀샘이 발달했어요. 손가락을 빨기도 하고 양수를 삼키는 등 다양한 반사 운동을 하고 있어요.

지금 엄마는 ───────

배가 더 나오면서 균형 잡기가 힘들어질 수 있으므로 굽이 낮고 안정감 있는 신발을 신으면 좋아요. 전보다 몸이 둔해질 수 있지만 자연스러운 현상이에요. 평소 배를 압박하지 않고 보호해 주는 습관을 가지는 것이 좋아요.

🎤 소중한 아기에게

귀여운 우리 아가야.

오늘도 즐거운 하루 보냈니? 혼자 있는 그 시간이 외롭거나 심심하진 않을지 궁금하구나.

네가 태어나면 알게 되겠지만 너는 결코 혼자가 아니란다. 너에게는 가족도 있고, 친구들도 만나게 될 거야. 앞으로도 아주 다양한 사람들과 함께 어우러져 살 수 있지. 사람은 혼자서 살 수 없기 때문에 다른 이들과 서로 마음을 주고받으며 살아야 해. 그렇지 않고 혼자만 우두커니 있으면 마음에 병이 생기기도 하거든.

우리 아가는 어떤 얼굴을 가졌을지, 어떤 성격을 지녔을지 궁금하구나. 사람들은 저마다 다른 모습을 갖고 있어. 너는 엄마와 아빠를 닮았겠지만 분명히 새로운 인격일 테고, 그건 다른 사람들도 마찬가지란다. 이 세상에서는 서로 다른 사람들이 어울리며 각자의 역할을 해내고 있어. 하나님께서는 너에게 빛나는 재능과 고유한 특성을 주셨어. 네가 자라나면서 점점 드러나게 될 거야. 엄마와 아빠는 벌써 기대하고 있단다. 네가 행복하게 할 수 있는 일을 찾고 재능을 발휘하도록 도와줄게.

하지만 재능만으로는 행복하게 살기 어려울 수도 있어. 그보다 더 중요한 게 있거든. 바로 다른 사람들과 마음을 나누고 힘을 합하는 능력이야. 우리는 서로가 다르다는 걸 인정하고, 나에게는 없지만 상대방에게 있는 멋진 점을 찾아보기도 하고, 서로 격려하고 세워 주면서 함께 행복해질 수 있단다. 남에게 내가 원하는 것만 강요하는 건 스스로를 외롭게 만드는 일이라는 걸 잊지 말아 주면 좋겠구나.

많은 사람들이 너를 통해 사랑과 유익을 얻게 되길 축복해. 사랑해!

아기를 위한 기도

날마다 우리를 인도하시는 하나님.

우리를 위한 선한 계획을 갖고 계시며, 신실하게 그 일을 이루시는 주님을 찬양합니다. 저희 두 사람이 만나고 사랑하며 가정을 이루기까지 하나님께서 놀랍게 인도하셨음을 고백합니다. 실수가 없으신 주님께서는 최선의 방법으로 저희 안에 새 일을 이루셨습니다.

이 아이가 앞으로 만나게 될 모든 관계를 축복합니다. 사람을 만나며 많은 깨달음과 배움이 있게 하시고, 때에 따라 좋은 영향력을 주는 사람들을 만나기를 원합니다. 친구 관계 안에서도 선하게 이끌어 주시고, 탁월한 스승을 만나게 해 주세요. 아이의 이성 교제를 위해서도 기도합니다. 거룩함 안에서 건강하게 서로를 알아 가고 지혜롭게 관계를 맺어 가도록 축복해 주세요. 대인 관계 안에서 때로는 상처도 받고 실패감을 경험할 수 있지만, 의연히 일어서서 성숙함을 가꾸도록 인도해 주세요. 어디에서 누구를 만나도 사랑받고 사랑하며 성장하도록 축복해 주세요.

이 아이가 하나님의 인도하심을 따라가며 사람들을 만나고 그 안에서 자라날 것을 기대합니다. 하나님께서 주신 모든 기회가 선하고 아름답습니다. 우리가 눈치 채지 못하는 순간에도 주의 계획이 성취되고 있음을 믿고 감사드립니다.

예수님의 이름으로 기도합니다. 아멘.

40 WEEKS PRENATAL
EDUCATION NOTE
FOR CHRISTIAN PARENTS

우리 아기를 위한
(기도문, 편지, 일기)

18 주차

40 WEEKS PRENATAL EDUCATION NOTE FOR CHRISTIAN PARENTS

다른 이로써는 구원을 받을 수 없나니 천하 사람 중에 구원을 받을 만한 다른 이름을 우리에게 주신 일이 없음이라 하였더라 (행 4:12)

지금 아기는

아기는 팔과 다리를 움직이며 활동하고 그 움직임을 엄마에게 전하기도 해요. 이 시기에는 아기 몸의 기형 여부를 판단하기 위해 정밀 초음파검사를 할 수 있어요. 경우에 따라 이제는 아기의 성별을 판단할 수 있을 거예요.

지금 엄마는

입덧은 거의 물러갔기 때문에 이때부터는 과식에 주의해야 해요. 배가 나와서 잠을 잘 때 자세가 불편할 수 있어요. 이제부터 몸을 왼쪽으로 돌려 자는 습관을 가지면 좋아요. 이 자세는 혈액 순환에 도움이 돼요. 이제는 커지는 배에 보습을 확실히 해 주는 것이 좋아요.

🍼 소중한 아기에게

사랑하는 아가야.

엄마와 아빠는 시간이 갈수록 점점 더 너를 사랑하고 있어. 너는 이미 많은 사랑을 받고 있단다. 널 기다리고 또 축복하는 가족들이 있고, 무엇보다 그 누구보다 널 아끼시며 사랑하시는 하나님이 계시거든.

하나님은 너라는 아이가 이 땅에 태어나도록 계획하시고 엄마와 아빠에게 보내 주셨어. 그리고 지금 이 순간에도 너를 창조하시고 아주 작은 부분까지 세밀하게 조직하고 계시단다. 뿐만 아니라 너와 늘 함께하셨고 앞으로도 함께하실 거야.

이걸 다 어떻게 알았냐고? 엄마 아빠도 이미 그 하나님을 만났거든. 우리는 모두 그분의 계획 안에서 창조되었어. 무엇을 위해 사는 건지, 또 살아야 하는지 모르겠고 삶의 의미를 찾고자 할 때 하나님은 그 답이 되어 주셨어. 내가 하나님을 찾았다고 생각했지만, 사실은 하나님이 나를 부르신 거였지.

그분은 너무나도 크시지. 인간이란 그 앞에서 먼지같이 작고 말이야. 그런 우리를 사랑하시고 우리를 향한 놀라운 계획을 이루시는 하나님을 함께 찬양하지 않겠니? 하나님은 내가 할 수 있는 모든 찬양과 돌릴 수 있는 모든 영광을 전부 다 드리기에 합당하신 분이란다. 바로 그 일을 위해 우리가 이 땅에 태어났지.

언젠가 너와 함께 주님을 예배할 그날을 기대하고 있어. 정말 즐겁고 행복할 거야.

그때까지 건강하고 씩씩하게 자라기로 약속해 줄래? 고마워. 사랑해!

아기를 위한 기도

우리를 살리신 하나님.

인간을 위해 성육신 하신 주의 겸손과 자비를 찬양합니다. 하나님께서는 죄와 사망의 굴레를 피할 수 없던 우리를 긍휼히 여기시고, 인간을 향한 구속의 계획을 이루셨습니다. 소망 없는 죄인에게 생명과 구원을 주신 주님, 감사합니다.

모든 인류에게 부어 주신 구원의 축복을 저희의 인생에도 허락하신 주께 감사드립니다. 하나님께서 주신 이 귀한 아이 역시, 자라면서 예수 그리스도를 삶의 주인으로 받아들이고 구원을 얻게 되길 이 시간 간구합니다. 태중에서 머무는 지금 이 시간에도 아이의 영혼이 임마누엘의 하나님을 경험하고 인식하게 하시고, 아이가 태어나 자라나면서 일찍부터 죄사함과 구원의 감격을 맛보게 해 주세요. 예수님께서 어린아이 같아야 천국에 갈 것이라 말씀하신 것처럼, 이 아이가 바로 그런 사람으로 자라기를 원합니다. 아이의 영혼이 살아 계신 주를 갈망하며 주께 삶을 드릴 수 있도록 축복해 주세요.

저희 또한 부끄럽지 않은 모습으로 아이에게 믿음의 본을 보일 수 있기를 기도합니다. 우리의 영혼을 날마다 새롭게 하시고, 하나님께로부터 오는 힘과 지혜를 얻게 해 주세요.

친히 이 땅에 오셔서 생명을 버리심으로 모든 이에게 생명을 주신 예수님, 감사합니다.

예수님의 이름으로 기도합니다. 아멘.

40 WEEKS PRENATAL
EDUCATION NOTE
FOR CHRISTIAN PARENTS

우리 아기를 위한
(기도문, 편지, 일기)

19 주차

너를 축복하는 자에게는 내가 복을 내리고 너를 저주하는 자에게는 내가 저주하리니 땅의 모든 족속이 너로 말미암아 복을 얻을 것이라 하신지라 (창 12:3)

지금 아기는

아기의 두뇌가 더 발달하면서 오감을 받아들입니다. 좋은 향기와 아름다운 풍경, 맛있는 음식과 사랑 넘치는 태담으로 아기의 두뇌와 감각이 발달하도록 도와주세요. 아기의 신체 비율은 더 균형 있게 자리 잡고 있어요.

지금 엄마는

임신 기간의 절반을 보냈어요. 아기를 위해 다양한 태교를 준비하고 실행에 옮겨 보세요. 호르몬 변화로 인해 멜라닌 성분이 증가하여 임신선이 짙어지고 주근깨나 기미가 생기기 쉬워요. 자궁이 팽창하며 이를 지탱하던 인대가 늘어나 복통이 생길 수 있어요.

🎙 소중한 아기에게

아가야.

엄마 배 속에서 변함없이 쑥쑥 자라 주어서 정말 고마워. 그 덕분에 엄마는 배가 조금 더 나왔고 그 배를 볼수록 신기하고 기쁘단다. 입덧도 이미 끝나서 힘든 시간은 지나간 것 같아. 너와 함께하는 이 시간이 행복과 감사로 기억되고 있단다. 고마워.

조금 있으면 네 움직임을 느낄 수 있대. 얼마나 황홀할까! 내 몸에 또 다른 생명이 살고 또 자라고 있다는 게 생각할수록 새롭고 놀라워. 대단치 못한 나에게 이런 위대한 기회가 주어지다니 감사한 일이야.

엄마와 너는 연결되어 있단다. 아빠는 엄마를 통해 너와 연결되어 있고 말이야. 그래서 우리는 서로 영향을 주고받으며 살고 있단다. 네가 잘 자라도록 좋은 영양소와 안정된 정서를 전달하고 싶은데 어떨지 모르겠구나. 너 역시 우리에게 새로운 기쁨과 신비를 전해 주고 있어. 네가 우리에게 와 주어서 우리는 이전에 몰랐던 세상을 새롭게 경험하고 있단다.

우리는 어떤 가족이 될까? 서로 사랑하고 아껴 주면서, 응원과 격려도 해 주는 가족이 되면 좋겠어. 우리 아가도 엄마 아빠에게 그렇게 해 줄 거지? 네가 태어난 뒤에도 가장 긴밀히 연결되는 그런 사이가 되자. 우리는 정말 멋진 가족이 될 거야.

사랑해, 아가야!

아기를 위한 기도

살아 계신 하나님.

우리를 혼자 두지 않으시고 이웃과 더불어 살도록 지으신 주님께 감사드립니다. 주께서는 우리를 자기만을 위해 살지 않고, 누군가를 사랑하고 도우며 힘을 얻는 존재로 만드셨습니다. 또한 주를 따르는 그리스도인들을 통해 세상과 사람들을 축복하시는 주를 찬양합니다.

저의 배 속에서 자라고 있는 이 아이를 통해서도 많은 이들이 주의 복을 얻게 해 주세요. 아이에게 주신 소중한 재능과 부르심이 꽃피면서 세상의 곳곳이 유익을 얻기를 소망합니다. 가까운 친구들과 가족 사이에서, 또 이웃과 세상 안에서 축복의 통로로 살아가도록 인도해 주세요. 자기의 욕심으로 성공만을 따라가지 않고, 모두가 행복해질 수 있는 방법을 찾으며 주께 지혜를 구하는 사람으로 성장시켜 주시길 원합니다. 이웃을 돌아보며 필요를 채워 주고 위로와 격려로 세워 주면서 하나님의 빛과 생명을 전하는 삶으로 인도해 주세요.

이 아이가 장차 속하게 될 모든 공동체를 축복합니다. 그리고 그곳이 이 아이로 인해 형통하기를 소망합니다. 또한 이 아이에게 축복의 통로가 되어 줄 사람들을 만나며 더불어 살게 해 주세요.

우리는 현재 눈앞의 세상만 볼 수 있지만 주님께서는 과거와 미래까지 연결되는 커다란 그림을 그리고 계십니다. 주의 완전하신 그 섭리 안에서 아름다운 만남들이 이어지기를 기대합니다.

예수님의 이름으로 기도합니다. 아멘.

40 WEEKS PRENATAL
EDUCATION NOTE
FOR CHRISTIAN PARENTS

우리 아기를 위한
(기도문, 편지, 일기)

20 주차

40 WEEKS PRENATAL EDUCATION NOTE FOR CHRISTIAN PARENTS

만물이 그에게서 창조되되 하늘과 땅에서 보이는 것들과 보이지 않는 것들과 혹은 왕권들이나 주권들이나 통치자들이나 권세들이나 만물이 다 그로 말미암고 그를 위하여 창조되었고
(골 1:16)

지금 아기는 ─────────

아기가 머무는 양수 속에는 떨어져 나간 피부 조직이나 죽은 세포가 떠다니는데, 아기가 마신 양수가 소화 기관에 들어가 태변을 만들어 냅니다. 아기의 소화 기관은 태어난 후를 대비하여 끊임없이 훈련을 하고 있어요.

지금 엄마는 ─────────

이제는 두 사람 몫의 적혈구를 만들어야 하기 때문에 철분을 꾸준히 섭취하는 게 좋아요. 생선, 붉은 살코기, 시금치 등 철분 함량이 높은 음식을 섭취하고 부족한 경우 의사의 처방에 따라 철분제를 복용하세요.

🎙 소중한 아기에게

사랑하는 우리 아가야.

네가 무엇을 볼 때 눈이 반짝일지, 네가 무엇을 할 때 마음이 즐거울지 엄마 아빠는 궁금하단다. 이제 너도 바깥세상을 조금씩 감지하기 시작할 텐데 이왕이면 네가 좋아하는 걸 느끼게 하고 싶거든. 엄마가 즐거워하는 걸 너도 좋아하겠지?

오늘은 하나님이 지으신 아름다운 자연에 대해 이야기해 주고 싶어. 하나님께서 맨 처음 사람을 창조하시기 전에 이 멋진 지구를 만드셨단다. 우리가 살아갈 수 있는 환경을 미리 마련해 주신 거야. 낮을 주관하는 태양과 밤을 주관하는 달을 만드셔서 하루를 이루게 하셨지. 태양이 주는 빛으로 식물들이 살아갈 수 있고, 식물은 모든 동물에게 필요한 산소를 만들어내지. 또 어떤 동물들은 식물을 먹으면서 생명을 유지하고, 동물끼리 서로 먹고 먹히면서 생태계가 유지되고 있어.

하나님은 인간에게 생태계를 맡기셨단다. 그러니까 우리는 소중하고 아름다운 자연을 잘 가꾸고 지켜야 할 부르심이 있는 거야. 자연이 마구 파괴되면 나중에 그 책임을 우리에게 물으시겠지. 하지만 그 전에 인간이 더 큰 피해를 입게 될 거야. 인간 역시 생태계와 자연에 속했기 때문에 그 영향을 고스란히 받게 되거든. 어떠니? 정신을 바짝 차리고 소중한 생명들을 지켜야겠지?

물론 동식물은 인간의 양식이 되기도 한단다. 엄마가 좋아하는 과일과 채소는 식물이고, 고기와 생선은 동물이야. 이 모든 것이 주님이 주신 선물이란다. 항상 감사하는 마음으로 자연을 지키고 누리면서 살자꾸나.

오늘도 변함없이 사랑한다, 아가야.

🧸 아기를 위한 기도

우주와 자연 만물을 창조하신 하나님.

계절에 따라 세상의 빛깔이 달라지고 하늘과 땅, 바다에는 다채로운 디자인의 생명들이 가득합니다. 태양과 달은 하나님의 질서와 섭리에 따라 움직이며 절기를 가르쳐 줍니다. 하나님, 주께서는 참으로 당신의 최선으로 이 땅을 만드셨습니다. 주님은 색깔과 향기, 음악의 창조자이시며 인간의 삶에 풍성한 감각을 선물로 주셨습니다.

아름답고 온전하신 주의 창조성을 찬양합니다. 그리고 창조자 하나님의 본성을 인간에게 나눠 주셔서 감사합니다. 우리가 아름다운 무언가를 발견하고 또 만들어 갈 수 있다면, 그것은 우리가 하나님을 닮았기 때문일 것입니다. 주께서 주신 저희 아기에게도 하나님의 창조성을 부어 주시길 이 시간 기도합니다. 자녀가 부모를 닮아 갈 때 부모가 기뻐하는 것처럼, 우리가 창조하는 모습을 주께서도 기뻐하실 줄을 믿습니다. 아이에게 이미 선물로 주신 창의력이 자라면서 더욱 계발되게 하시고, 세상을 유익하고 아름답게 하는 방법들을 알려 주세요. 주께서 펼쳐 주신 이 놀라운 세상을 마음껏 감각하고 또 사유하면서 주를 닮은 창조성을 발휘하도록 인도해 주세요.

부모 된 저희에게도 아이를 지지하고 격려하며 세워 줄 수 있는 여유와 지혜를 주시고, 서로가 서로의 마음을 풍요롭게 할 수 있는 가족이 되도록 도와주세요.

인간을 창조하시고 우리 가정을 창조하신 하나님을 찬양하며 감사드립니다.

예수님의 이름으로 기도합니다. 아멘.

40 WEEKS PRENATAL
EDUCATION NOTE
FOR CHRISTIAN PARENTS

우리 아기를 위한
(기도문, 편지, 일기)

21 주차

40 WEEKS PRENATAL EDUCATION NOTE FOR CHRISTIAN PARENTS

주께서 나의 슬픔이 변하여 내게 춤이 되게 하시며 나의 베옷을 벗기고 기쁨으로 띠 띠우셨나이다 (시 30:11)

지금 아기는 ─────────

아기의 키는 27cm 정도로 자랐어요. 아기는 쉴 새 없이 움직이며 심신이 발달하고 있고 눈도 완전히 깜박일 수 있어요. 엄마가 하는 이야기를 잘 들을 수 있고 엄마의 감정도 전달받을 수 있어요.

지금 엄마는 ─────────

임신 기간 중 몸이 가장 가뿐한 시기이므로 태교 여행을 계획하여 떠나보는 것도 좋아요. 배가 더 불러오면 몸이 불편해지기 때문에 남편과 이 시기를 마음껏 즐기는 게 좋을 거예요. 물론 무리하지 않는 선에서!

🎙 소중한 아기에게

오늘도 신나게 움직이는 아가야. 잘 놀고 있니? 엄마는 괜찮으니 더 마음껏 놀고 움직여도 좋아. 네가 팔과 다리를 움직이고 춤을 추면 너의 성장과 발달에 더 도움이 될 거야. 네 움직임을 느끼는 엄마 아빠도 행복하고 말이야.

네가 있는 곳에서는 어떤 소리들이 들릴까? 따뜻한 사랑의 메시지만 들려주고 싶은데 살다 보면 시끄러운 곳에 가기도 하고 깜짝 놀라기도 해서 가끔은 네게 미안할 때가 있어. 삶에는 이렇게 예기치 못한 일들이 일어난다는 걸 너도 알아야겠지.

네가 엄마를 통해 받아들이는 것들이 이 순간에도 너를 만들고 있단다. 엄마와 아빠도 이 사실을 기억하며 최선을 다해 너에게 곱고 아름다운 이야기를 들려줄게. 몸을 튼튼하게 하고 머리를 똑똑하게 만드는 영양분을 전해 줄게. 너의 몸과 마음이 건강할 수 있도록 우리도 힘을 다해 도울 거야. 그러니 튼튼하고 예쁜 모습으로 자라 주렴.

엄마도 가끔은 화가 나거나 슬플 때가 있는데 너를 생각하면서 한 번 더 참게 돼. 마음속에 미움이 싹틀 때 정신을 바짝 차리고 그 싹을 자르려고 노력하게 돼. 아빠랑 서로 더 사랑하기 어려울 때가 와도 널 생각하면서 이겨내게 된단다.

아가야, 너로 인해 우리는 조금씩 더 나은 사람이 되어 가고, 우리 가정도 점점 더 아름다워지고 있단다. 정말 고마워. 넌 우리의 축복의 통로란다. 우리도 너에게 기쁨과 축복이 되고 싶구나.

사랑해, 아가야!

아기를 위한 기도

우리의 영과 혼과 육을, 영혼과 정신, 마음을 창조하신 하나님. 몸 뿐 아니라 보이지 않는 성품과 정서까지 세밀하게 빚으시는 주님을 찬양합니다. 주께서는 우리의 감정 또한 디자인하셔서 다양한 감정을 느끼고 표현하며 나누게 하셨습니다. 우리가 서로 의사와 감정을 표현하면서 소통하고 관계를 깊이 유지할 수 있게 만드신 하나님의 지혜를 높여드립니다.

때로는 감정이 나를 지배하는 것 같을 때가 있습니다. 슬픔이며 외로움이, 분노와 미움, 짜증이 이따금 저를 흔들며 지나갈 때가 있습니다. 이 아기가 태어나 자라면서도 그런 순간이 찾아올 텐데, 아이에게 인내와 절제하는 마음을 주시고 좋은 방법으로 감정을 풀어낼 수 있는 지혜를 부어 주시길 기도합니다. 화가 치밀어 오를 때 일단 참을 수 있는 마음의 여유와 상황을 올바르게 파악할 수 있는 이성을 발달시켜 주세요. 미운 사람이 생겼을 때 용서할 수 있는 아량을 주시고, 감정이 주는 이점을 누리되 그것에 끌려가지 않도록 날마다 붙들어 주세요. 어떤 일이든 충동이 일어날 때 잠시 멈춰서 생각할 수 있는 사람이 되도록 아이를 성장시켜 주세요.

저희가 아이를 키우면서 뜻대로 되지 않아 화가 나고 답답할 때 감정을 잘 조절할 수 있도록 붙들어 주시기를 또한 간구합니다. 하나님이 주신 소중한 감정을 지혜와 절제로, 인내로 풀어 가는 가정이 되기를 소망합니다.

하나님의 성품 닮기를 원합니다.
예수님의 이름으로 기도합니다. 아멘.

40 WEEKS PRENATAL
EDUCATION NOTE
FOR CHRISTIAN PARENTS

우리 아기를 위한
(기도문, 편지, 일기)

22 주차

40 WEEKS PRENATAL EDUCATION NOTE FOR CHRISTIAN PARENTS

나의 힘이시여 내가 주께 찬송하오리니 하나님은 나의 요새이시며 나를 긍휼히 여기시는 하나님이심이니이다 (시 59:17)

지금 아기는

아기의 머리와 몸의 비율이 신생아와 비슷해졌어요. 몸무게는 400g이 넘었고 잇몸에 치아의 싹이 자라기 시작했어요. 여자아이라면 자궁과 난소가 자리 잡고 질도 만들어졌을 거예요. 남자아이라면 고환이 음낭 쪽으로 내려가기 시작해요.

지금 엄마는

임신으로 인해 전에 없던 변화들이 일어날 수 있어요. 겨드랑이나 사타구니의 색이 어두워진다거나 체모의 증가로 배에 털이 날 수도 있어요. 수면 중에 다리에 쥐가 날 수도 있어요. 하지만 출산 후에는 원래 모습으로 돌아갈 수 있다고 해요.

🔎 소중한 아기에게

사랑하는 아가야. 오늘은 아주 중요한 이야기를 하려고 해.

너는 지금 엄마의 몸 안에서 자라고 있어. 하지만 너는 언젠가 거기서 나와야 한단다. 따뜻한 물에서 헤엄치고 춤추는 이 시간이 끝난다는 말이야. 지금은 엄마가 전해 주는 산소로 호흡하고 있지만 그날이 오면 스스로 숨을 쉬어야 해. 지금은 엄마가 전해 주는 양분을 먹고 자라지만 네가 태어난 이후에는 너의 입으로 직접 먹고 소화시켜야 한단다.

이건 슬픈 일이 아니야. 오히려 아주 행복하고 즐거운 일이란다. 왜냐하면 네가 거기서 나와야 우리가 서로 마주보기도 하고 꼭 껴안아 줄 수 있거든. 대화도 나눌 수 있고 함께 즐거운 시간을 보낼 수 있을 거야. 지금보다 훨씬 행복한 날들이 될 거란다.

하지만 네가 태어나는 과정이 결코 쉽지는 않을 거야. 네가 나오려면 아주 좁은 통로를 머리부터 빠져나와야 한단다. 몸을 이리저리 틀기도 하고 힘을 내야 할 거야. 하지만 걱정하지 않아도 돼. 너를 도와줄 사람들이 많이 있거든. 엄마도 힘을 주면서 네가 잘 나오도록 도와줄 것이고, 아빠도 곁에서 힘써서 응원하고 널 축복해 줄 거야. 의사 선생님과 간호사 선생님들도 널 도와줄 테니 우리는 아주 멋지게 해낼 수 있겠지? 엄마도 그날을 위해 열심히 운동하고 또 기도하며 준비할 거야. 우리 아가도 튼튼하게 자라고 힘을 키워서 금방 쑥 나와 주렴. 하나님이 인간을 만드시기 전에 자연과 환경을 준비시켜 주셨던 것처럼, 우리도 네가 태어나기 전에 네게 필요한 준비를 다 해놓을 거야. 바깥세상이 얼마나 즐겁고 행복할지 기대해도 좋아.

우리는 언제나 널 환영하고 보고 싶단다. 정말로 사랑해, 아가야.

아기를 위한 기도

우리를 성실히 지키시는 하나님.
한 사람이 모태에서 빚어지고 태어나기까지 크고 작은 위기가 생길 수 있음을 고백합니다. 임신 기간 중에도 날마다 산모와 아이의 건강을 지켜 주시고, 특히 출산 과정에서 위급한 상황이 벌어지지 않도록 주께서 보호해 주시길 간구합니다.

출산을 생각하면 설렘보다는 두려움이 더 앞서고, 잘 할 수 있을지 자신이 없어지기도 합니다. 주님께서 모든 두려움을 가져가시고 기쁨과 감사로 분만할 수 있도록 마음을 다스려 주세요. 출산이 순조롭게 진행되어 산모와 아이가 모두 건강하게 순산할 수 있는 은혜를 구합니다. 모두가 함께 기뻐하고 감격하며 탄생의 순간을 맞이하고 싶습니다. 괴로움과 고통은 잠시 뿐이라는 걸 기억하며 그보다 더 큰 기쁨을 기대할 수 있도록 도와주세요.

진통에서 분만, 또 회복하는 모든 시간 동안 성령의 섬세하고 따뜻한 보살피심을 경험하기 원합니다. 성령께서는 가장 위대하고 완벽한 의사이시며 산파이신 것을 고백합니다. 주의 도우심을 힘입어서 아이를 잘 낳고 또 회복할 수 있도록 도와주세요.

출산은 아기에게도 어렵고 괴로운 과정이라고 들었는데, 저희에게 주신 이 아이가 그 시간을 잘 통과하고 축복 가운데 빛을 맞이하도록 인도해 주세요.

성실하시며 의로우신 아버지께서 도우실 것을 믿습니다.
예수님의 이름으로 기도합니다. 아멘.

40 WEEKS PRENATAL
EDUCATION NOTE
FOR CHRISTIAN PARENTS

우리 아기를 위한
(기도문, 편지, 일기)

바빠요 바빠!

바빠요 바빠!
우리 아기는 지금 바빠요.
튼튼한 다리가 잘 움직이나
쿵쿵 구르느라 바빠요.

바빠요 바빠!
우리 아기는 지금 바빠요.
엄마가 지금 뭐하고 있나 궁금해서
쫑긋 귀 기울이고 있느라 바빠요.

바빠요 바빠!
우리 아기는 지금 바빠요.
새로 돋아난 양팔이 날개인 줄 알고
하루 종일 펄럭이느라 바빠요.

40 WEEKS PRENATAL
EDUCATION NOTE
FOR CHRISTIAN PARENTS

바빠요 바빠!
우리 아기는 지금 바빠요.
엄마 아빠 모두 쿨쿨 잠든 깊은 밤
아직 더 놀고 싶어서 춤추느라 바빠요.

바빠요 바빠!
우리 아기는 지금 바빠요.
해님이 방긋 인사하는 아침에
쑥쑥 체조하느라 바빠요.

바빠요 바빠!
우리 아기는 지금 바빠요!
아빠의 재미난 동화 들으며
알록달록 꿈꾸고 상상하느라 바빠요.

23 주차

40 WEEKS PRENATAL EDUCATION NOTE FOR CHRISTIAN PARENTS

아버지가 자식을 긍휼히 여김 같이 여호와께서는 자기를 경외하는 자를 긍휼히 여기시나니 이는 그가 우리의 체질을 아시며 우리가 단지 먼지뿐임을 기억하심이로다 (시 103:13-14)

지금 아기는 ───────

청각이 발달되어 소리를 들을 수 있어요. 시끄러운 곳에는 가지 않는 게 좋아요. 아기의 감각을 기분 좋게 자극하여 두뇌 발달과 정서 함양을 도와주세요.

지금 엄마는 ───────

팔과 다리가 붓기도 하고 쥐가 나기도 해요. 움직임이 둔해졌으니 높은 곳을 조심하고 빠른 몸놀림이 요구되는 일에 주의를 기울여야 해요.

🎙 소중한 아기에게

사랑하는 아가야.

네가 자랄수록 엄마의 몸도 변해 가고 있단다. 예전의 모습을 잃어버리는 기분도 들지만, 네가 쑥쑥 자라고 있다고 생각하면 마음이 괜찮더라고. 그러니 엄마 걱정은 말고 튼튼히 자라렴.

너를 궁금해 하고 기다리는 사람들이 많단다. 할머니, 할아버지, 이모, 삼촌 등등. 그분들은 네가 어떤 모습일지, 누구를 닮았을지, 성격은 어떠할지 궁금하대. 그러면서도 너를 진심으로 축복하고 환영해 주고 있어. 우리 아기는 이미 사랑을 많이 받고 있단다.

네가 가진 외모나 성격, 재능을 물론 기대하지만 그것에 얽매이지 않고 너를 있는 그대로 용납하고 사랑하고 싶어. 언제나 너를 응원하되, 원하는 대로 잘 안 되어도 실망하지 않을 거야. 너의 특성과 너만의 속도를 존중하고 기다릴 수 있는 부모가 되고 싶구나. 그래야 네가 마음 놓고 활짝 꽃필 테니까. 부모로서 많이 부족하겠지만, 그래도 앞으로 잘 부탁할게.

아가야, 정말로 사랑한단다.

🐥 아기를 위한 기도

영원부터 영원까지 다스리시는 하나님.

유일한 임금이시며 참된 주권자가 되신 주님을 찬양합니다. 역사는 주의 손 안에서 흘러가고 세상은 주의 창조 섭리 안에서 변화합니다. 하나님을 알면 알수록 주께서 얼마나 크고 광대하신지 깨닫습니다. 그리고 나 자신에 대해 알아갈수록 저는 몹시 작은 존재인 것을 알게 됩니다. 모든 것의 전체요 본질 되신 주님 앞에서, 인간이란 참으로 한없이 작고 가벼워 흩날리는 먼지와 같습니다.

하지만 만물의 주인이자 창조주이신 분께서 이토록 작은 우리를 지으셨고, 날마다 함께하시며, 대신하여 싸우고 계심을 믿습니다. 먼지와 풀씨 같은 우리를 사랑하셔서 우리와 같은 몸을 입으시고 목숨까지 버리신 놀라운 은혜를 찬양합니다.

주께서 허락하신 이 귀한 아이에게도 하나님의 크심과 나의 작음을 깨닫는 은혜를 주시길 기도합니다. 그리하여 그 은혜의 깊이가 날로 새로워지게 도와주세요. 작디작은 우리는 눈앞의 일들로 매일 마음이 쉽게 흔들리지만, 크신 하나님을 인식하며 세상의 작은 일에 개의치 않는 담대한 마음과 여유를 갖게 해 주세요. 이 아이가 하나님을 알수록 더욱 겸손해지며 그와 동시에 마음이 깊고 넓어지기를 소망합니다. 그렇게 우리 모두가 주를 닮기 원합니다.

예수님의 이름으로 기도합니다. 아멘.

40 WEEKS PRENATAL
EDUCATION NOTE
FOR CHRISTIAN PARENTS

우리 아기를 위한
(기도문, 편지, 일기)

24 주차

40 WEEKS PRENATAL EDUCATION NOTE FOR CHRISTIAN PARENTS

그는 목자 같이 양 떼를 먹이시며 어린 양을 그 팔로 모아 품에 안으시며 젖먹이는 암컷들을 온순히 인도하시리로다 (사 40:11)

지금 아기는

아기는 열심히 성장하여 이제는 키가 30cm 정도로 자랐어요. 미각이 발달해서 엄마가 단것을 먹으면 아기도 양수에 스며든 당분을 맛보기도 해요.

지금 엄마는

튼살이 생기지 않도록 복부에 보습을 신경 써 주세요. 아기가 소리를 들을 수 있으니 음악이나 태담으로 태교에 더욱 힘쓰면 좋아요. 성경 이야기나 동화를 읽어 주어도 좋겠지요.

🔔 소중한 아기에게

오늘도 쑥쑥 자란 아가야.

너로 인해 엄마와 아빠는 항상 기쁘고 감사하단다. 네가 태어나 함께 맞이할 계절들이 기대되고, 네가 성장하는 작은 증거들을 만날 때 얼마나 행복할지 꿈꾸고 있어.

아가야. 세상은 끊임없이 변화한단다. 시간상 하루는 아침과 낮, 밤과 새벽으로 색깔과 온도를 바꾸지. 지구가 태양의 주위를 돌면서 계절도 바뀌어 간단다. 이건 정말 특별한 선물 같아. 각 계절마다 고유한 아름다움과 즐거움을 느낄 수 있거든. 만물이 새로 태어나는 따스한 봄, 덥고 습하지만 생기가 넘치는 여름, 시원한 바람 속에서 열매들을 거두는 가을, 몹시 춥지만 그래서 흰 눈을 즐길 수 있는 겨울까지. 밤이 무섭다고 걱정할 필요 없어. 반드시 아침이 오니까. 마찬가지로 추운 계절이 힘들다고 절망할 필요도 없단다. 봄이 찾아올 테니 말이야.

시간은 질서 안에서 흘러가고 변화는 성실하게 때에 맞춰 찾아온단다. 이 모든 섭리와 질서를 만드신 분이 하나님이야. 매일 해가 뜨고 아침이 오는 것을 보면서 그분이 얼마나 신실하신지 떠올리게 돼. 영원할 것 같은 추위는 분명 끝이 있고 소망의 봄이 찾아올 거야. 인생도 이와 같다고 생각해.

그러니 끊임없이 변화하는 자연 속에서 우리는 어느 때에라도 행복과 감사를 선택할 수 있단다. 너와 함께 보내게 될 그 시간들이 벌써 기대가 되는구나.

그때까지 건강하게 무럭무럭 자라 주렴.

사랑해, 아가야.

아기를 위한 기도

우리의 목자 되신 하나님.

주를 따르는 자들을 날마다 푸른 초장으로 인도하시고, 사망의 음침한 골짜기에서도 지켜 주심을 감사드립니다. 피할 수 없는 삶의 고난과 고통에서도 우리를 가장 선한 길로 인도하시며 보호하시는 주님을 찬양합니다.

우리는 언제나 인생에 좋은 일만 있기를 기대하고, 또 누군가를 축복할 때도 화창한 미래만을 기대하곤 합니다. 하지만 삶에는 분명히 곡절이 있으며 예상치 못한 일들을 끊임없이 마주한다는 걸 고백합니다.

사랑하는 저희 아기 역시 앞으로 크고 작은 시련을 만날 것이고 예기치 못한 일들을 마주하며 마음이 상할 수도 있을 것입니다. 하지만 이 아이에게 회복의 은사를 주시고 어떤 어려움에서도 탄력적으로 일어설 수 있는 마음을 길러 주시기를 간절히 소망합니다. 아이가 살아가는 동안 어둠 속에서도 빛 되신 하나님을 만나고, 길을 잃었다고 여겨질 때 주 안에서 길을 찾게 해 주세요. 그리하여 이 아이가 어둠 속에 앉아있는 자들에게 빛을 전할 수 있고 그들을 이끌 수 있는 사람으로 성장시켜 주시길 원합니다.

주님, 이 아기에게 언제나 힘을 주십시오. 몸 뿐 아니라 영혼에 새 힘을 날마다 부어 주시길 간구합니다.

예수님의 이름으로 기도합니다. 아멘.

40 WEEKS PRENATAL
EDUCATION NOTE
FOR CHRISTIAN PARENTS

우리 아기를 위한
(기도문, 편지, 일기)

25 주차

40 WEEKS PRENATAL EDUCATION NOTE FOR CHRISTIAN PARENTS

> 너희 자신을 종으로 내주어 누구에게 순종하든지 그 순종함을 받는 자의 종이 되는 줄을 너희가 알지 못하느냐 혹은 죄의 종으로 사망에 이르고 혹은 순종의 종으로 의에 이르느니라
> (롬 6:16)

지금 아기는 _____

쭈글쭈글하던 몸이 점점 통통해지고 있어요. 머리카락도 조금씩 자라고 있지요. 시신경이 발달해서 빛을 감지할 수 있답니다.

지금 엄마는 _____

출산 후에 산후조리원에 갈 계획이라면 충분히 알아보고 예약을 하는 게 좋아요. 너무 늦게 가면 자리가 다 차 있을 수도 있어요. 임신중독증 위험이 있는지 살펴보세요.

🎤 소중한 아기에게

사랑하는 우리 아가.

오늘도 쑥쑥 자라며 즐거운 하루 보냈니? 엄마가 보고 듣는 걸 함께 느끼며 무슨 생각을 했을지 궁금하구나.

감각은 하나님이 주신 선물이란다. 색을 구별하거나 맛을 볼 수 없게 지으실 수도 있었지만 그분은 우리가 즐겁게 세상을 감각하도록 지으셨지. 그보다 더 놀라운 선물이 있는데, 바로 아름다움이라는 거야.

신기하게도 대부분의 사람들은 아름다운 것을 구별할 수 있단다. 자꾸만 바라보고 싶은 풍경이 있는가 하면 눈살을 찌푸리게 되는 장면도 있어. 기분 좋아지는 향기가 있고 당장 코를 쥐어 싸고 싶은 악취도 있지. 맛보자마자 '우웩!' 하면서 뱉게 되는 음식이 있고, 먹을수록 행복해지는 음식이 있단다. 마음이 편안해지는 소리가 있고 지끈지끈 두통을 일으키는 시끄러운 소리도 있어.

하나님은 아름다운 것을 감각할 수 있도록 우리를 지으셨단다. 사람은 아름다움을 경험할 때 행복을 느끼지. 아마 너도 지금 서서히 깨닫고 있을 거라 생각해. 아름다움은 세상 여기저기 어디에나 있어. 더 많이 발견하는 사람이 더 많이 누릴 수 있을 거야. 엄마 아빠가 너를 위해 아름다운 것을 느끼고 전해 줄게. 네가 세상에 나오면 훨씬 많은 아름다움을 경험하게 될 거야. 기대되지?

네가 궁금하고 늘 그립단다.

사랑해. 아가야.

🤍 아기를 위한 기도

우리와 함께 사역하시는 하나님.
홀로 모든 일을 능히 이루실 수 있는 전능자께서 연약한 우리를 사용하시며 주의 일을 이루심에 감사드립니다. 저는 늘 실수하고 주의 길에서 벗어나려는 본성이 가득한 죄인입니다. 그럼에도 날마다 새 기회를 주시고 작은 믿음과 순종이라도 기쁘게 받아 주시는 주님, 감사합니다.
순종이 제사보다 낫다고 말씀하신 하나님. 태에서 자라고 있는 이 아이를 축복하시고 주의 말씀에 겸손히 순종하는 믿음을 부어 주시길 기도합니다. 하나님을 위해 대단한 일을 계획하겠다는 이유로 도리어 주님의 뜻을 저버리는 죄를 범치 않도록 붙들어 주세요. 아이가 자라며 하나님을 인식하고, 믿으며 사랑하게 되기를 소망합니다. 그래서 주의 말씀을 항상 곁에 두며 순종하는 삶을 살도록 도와주세요. 그리하여 이 아이가 하나님께 쓰임 받으며 주의 거룩한 사역에 동참할 수 있기를 원합니다.
또한 부모에게 순종하는 아이가 되기를 기도합니다. 그 전에 저희 부부가 먼저 올바른 권위를 갖게 하시고, 일관적이고 안정적인 모습으로 훈육하도록 지혜를 더해 주세요. 충분한 사랑과 권위 아래에서 아이가 평안히 머물며 부모에게 순종하는 모습을 보기 원합니다.
우리 가정이 주께 순종하며 그 뜻을 따라가도록 도와주세요.
예수님의 이름으로 기도합니다. 아멘.

40 WEEKS PRENATAL
EDUCATION NOTE
FOR CHRISTIAN PARENTS

우리 아기를 위한
(기도문, 편지, 일기)

26 주차

40 WEEKS PRENATAL EDUCATION NOTE FOR CHRISTIAN PARENTS

이 백성은 내가 나를 위하여 지었나니 나를 찬송하게 하려 함이니라 (사 43:21)

지금 아기는 ───────

아기의 몸이 빠르게 성장하고 두뇌가 발달하고 있어요. 청각도 더 발달해서 엄마의 소리를 잘 들을 수 있지요. 날마다 양수를 마시면서 폐 호흡을 연습하고 있답니다.

지금 엄마는 ───────

아기에게 많은 영양소가 필요하니 양질의 음식을 섭취하는 것이 좋아요. 여러 가지 영양소가 균형 있게 아기에게 전달되도록 신경 써 주세요. 커진 자궁이 대장과 항문을 압박하여 변비가 생길 수 있어요.

🍼 소중한 아기에게

아가야, 안녕?

너도 나중에 알게 되겠지만 우리는 주일마다 교회에 가고 있단다. 하나님의 뜻에 따라 공동체로서 예배를 드리기 위해서야. 하나님을 믿는 사람들은 함께 모여서 예배를 드리고 교제를 나눈단다.

예배 시간에는 음악이 자주 들릴 거야. 이게 무슨 소리인가 귀 기울이진 않았니? 우리는 아름다운 음악에 맞춰서 하나님을 찬양한단다.

하나님은 우리를 지으시고 또 사랑하셔서 영원한 생명을 주신 분이셔. 그러니 어떻게 그분을 찬양하지 않을 수 있겠니. 게다가 모든 사람은 하나님을 찬양하기 위해서 이 땅에 태어났다고 해. 그래서 우리는 할 수 있는 한 기쁨과 열심을 다해 그분을 예배해야 한단다. 우리 아가도 나중에 엄마 아빠와 박수치며 하나님을 찬양하자꾸나.

사랑하는 아가야, 하나님은 언제나 우리와 만나고 싶어 하셔. 우리 마음 문을 날마다 두드리시지. 억지로 열고 들어오시지 않고, 우리가 먼저 문을 열기를 언제까지나 기다리셔. 우리 아가의 마음 문 앞에서도 기다리고 계실 거야. 우리 함께 주님을 환영하며 마음을 활짝 열어 볼래? 정말 행복하고 즐거울 거야.

아가야, 사랑해.

🙏 아기를 위한 기도

주의 영광을 위해 우리를 지으신 하나님.
우리를 하나님을 찬양하는 예배자로 부르심을 믿고 감사드립니다. 제가 어디에 있든지 무엇을 하든지 상관없이, 하나님께서는 영광과 찬양을 받으시기에 합당하십니다.
사랑하는 저희 아기 역시 같은 부르심 안에서 지어졌음을 고백합니다. 이 아이의 일생 동안 주의 이름을 부르며 그의 영광을 높이도록 인도해 주세요. 어디서든 예배하는 사람으로 자라게 하시고, 예배를 통해 하나님이 어떤 분이신지, 스스로가 어떤 존재인지 배워 가게 해 주세요. 삶의 고민과 괴로움을 다 짊어지고 예배의 자리에 나오는 날도 있겠지만, 주의 영광의 임재 안에서 참된 힘과 자유를 얻고 다시 나아가게 되길 원합니다. 눈앞의 문제들에 마음을 빼앗겼을 때, 예배 안에서 하나님께 시선을 두게 하시고 주께서 행하실 일을 기대하게 해 주세요.
이 아이가 홀로 있을 때에도 예배할 수 있는 사람이 되길 소망합니다. 아벨처럼 참된 제사를 드리도록 은혜를 베푸시고, 날마다 하나님을 높이며 주와 친밀한 관계를 맺도록 인도해 주세요.
이 아이의 삶을 통해 영광 받으실 주님을 찬양합니다.
예수님의 이름으로 기도합니다. 아멘.

40 WEEKS PRENATAL
EDUCATION NOTE
FOR CHRISTIAN PARENTS

우리 아기를 위한
(기도문, 편지, 일기)

27 주차

40 WEEKS PRENATAL EDUCATION NOTE FOR CHRISTIAN PARENTS

나는 비천에 처할 줄도 알고 풍부에 처할 줄도 알아 모든 일 곧 배부름과 배고픔과 풍부와 궁핍에도 처할 줄 아는 일체의 비결을 배웠노라 (빌 4:12)

지금 아기는 ───────

놀랍게 성장하고 있는 아기는 이제 눈을 감고 뜰 수 있고, 두뇌 활동이 활발해져요. 가끔은 딸꾹질을 하기도 하는데 신체가 올바로 작용하고 있는 것이니 안심하세요.

지금 엄마는 ───────

자궁이 커지면서 쉽게 숨이 가빠지기도 해요. 몸의 일부분이 간지럽거나 허리가 아프거나 다리에 쥐가 나는 등, 임신 전에 없던 증상이 생기지만 임신 주수에 맞게 일어나는 일이에요.

🎙 소중한 아기에게

늘 보고 싶은 우리 아가야.

그동안 더 많이 쑥쑥 자랐지? 엄마 몸이 더 무거워진 걸 보니 그만큼 네가 잘 자랐다는 걸 알겠구나. 이제 너는 꿈을 꿀 수도 있대. 무의식도 자라고 있구나. 오늘은 어떤 꿈을 꾸고 있니?

너의 움직임을 느낄 때 너에 대해 상상하게 돼. 지금 이렇게 활발히 움직이는 네가 앞으로 무엇을 좋아하고 따르게 될까? 어떤 것에 흥미와 관심을 보일까? 무엇을 배울 때 눈이 반짝일까? 그런 너를 지켜볼 시간이 앞으로 길게 남았다는 것이 참 행복하구나.

사람들은 자라나면서 자기가 좋아하는 일을 발견하고 그걸 즐기며 살아간단다. 그 일을 직업으로 삼는 사람도 있어. 물론 어른이 되어서도 그걸 찾지 못한 사람도 있지.

아가야, 네가 즐거워하고 행복해 할 수 있는 일을 찾아가면 좋겠어. 그것이 도덕적으로 옳고 실제로 잘 해낼 수 있다면 평생의 업으로 삼아도 좋을 거야.

엄마와 아빠도 좋아하는 일이 있단다. 꼭 돈을 벌 수 있는 일이 아니어도 즐기는 취미가 있지. 네가 태어나면 우리 가족 모두가 함께 즐겼으면 좋겠어. 서로가 잘하는 일을 발견해 주고 박수도 쳐 주면서 즐겁게 살아가자.

사랑해, 아가야!

아기를 위한 기도

우리에게 가장 좋은 것을 베푸시는 아버지 하나님.

욕심이 눈을 가릴 때 모든 것에 불만을 가지게 되는 것을 고백합니다. 원하는 걸 얻는다고 해도 그 다음 욕망이 어느새 가득한 저는 죄인입니다. 하지만 그럼에도 주님이 베푸신 은혜를 볼 수 있게 하시고, 그것이 가장 옳고 선한 것임을 깨닫게 하셔서 감사합니다.

아이가 태어난 뒤에도 필요한 것이 아주 많습니다. 또 아이가 자라면서 자기가 원하는 걸 요구하고 떼를 쓸 것입니다. 하지만 주님, 저희에게 자족하는 마음을 가르쳐 주십시오. 그래서 주어진 상황에 만족하고 행복과 은혜를 발견하도록 도와주시길 원합니다. 참된 부요는 많은 소유에서 비롯되는 것이 아님을 깨닫게 하시고, 적게 가져도 넉넉한 마음을 갖는 참된 행복의 길로 저희를 인도해 주세요.

아이가 자라나서도 헛된 욕망과 집착을 버리게 하시고, 언제나 가장 좋은 것을 베푸시는 하나님을 신뢰하며 평안히 살게 하여 주십시오. 또 자신이 가진 것을 이웃에게 나눌 수 있는 자비로운 마음 또한 부어 주시길 기도합니다.

하나님의 은혜는 끝이 없고, 그 안에 머무는 우리는 언제나 충분합니다. 풍족한 은혜 베푸시는 주님, 감사합니다.

예수님의 이름으로 기도합니다. 아멘.

40 WEEKS PRENATAL
EDUCATION NOTE
FOR CHRISTIAN PARENTS

우리 아기를 위한
(기도문, 편지, 일기)

28 주차

40 WEEKS PRENATAL EDUCATION NOTE FOR CHRISTIAN PARENTS

성실하게 행하는 자는 구원을 받을 것이나 굽은 길로 행하는 자는 곧 넘어지리라 (잠 28:18)

지금 아기는 ────────

마르고 쭈글쭈글하던 아기는 몸에 지방을 쌓으며 더 토실토실해져요. 아기의 몸은 발달을 거의 마치고 이제 바깥세상으로 나갈 준비를 하고 있어요.

지금 엄마는 ────────

임신 후기에 접어들었어요. 몸이 더 불편해졌을 수도 있고, 이제는 똑바로 눕기 어려울 수도 있어요. 옆으로 누워 자는 습관을 가지면 좋아요. 이제 뭐든 들을 수 있는 아기에게 더 많은 이야기를 들려주고 교감해 보세요.

🎀 소중한 아기에게

사랑하는 아가야.

너는 이미 우리 가족의 일원이야. 엄마 아빠 뿐 아니라 다른 가족들이 모두 한 마음으로 널 환영하고 있거든.

우리는 살면서 많은 선택을 할 수 있지만, 선택할 수 없는 중요한 것들도 있단다. 먼저 우리는 어느 나라, 어느 민족, 어느 가정에서 태어날지 선택할 수 없어. 또 어떤 성별을 갖고 태어날지도 고를 수 없지. 인종도 마찬가지이고. 사실 삶에서 꽤 중요한 조건인데 이 부분은 온전히 하나님께서 정하신단다.

네가 태어날 나라는 아시아 대륙에 속한 대한민국이라는 곳이야. 세계 지도에서 잘 찾아야 보일 만큼 작지만, 아주 긴 시간을 단일민족으로 살아왔단다. 나라끼리 서로 전쟁하고 땅을 빼앗고 뺏기는 때도 많았어. 하지만 우리나라는 그 모든 침략과 전쟁에도 꿋꿋이 이겨내면서 여기까지 왔어. 정말 멋지지?

하나님께서는 우리나라에 복을 많이 베풀어 주셨어. 어떤 나라들은 하나님을 믿는다는 이유로 피해를 입히기도 하거든. 감사하게도 우리나라에서는 자유롭게 신앙생활을 할 수 있지.

너와 우리처럼 많은 사람들이 질서 안에서 한 나라를 이루는 공동체가 된단다. 살기 좋은 나라가 되려면 인간을 존중하는 법과 제도가 잘 세워지고, 서로 그것을 잘 지켜야 해. 그래서 우리는 모두가 행복한 나라가 되도록 노력하고 나라를 위해 깨어서 기도해야 하지. 우리 아가도 그렇게 할 수 있지?

이 땅에서 보내게 될 너의 날들이 늘 행복하길 축복해. 사랑해, 아가야!

🎗 아기를 위한 기도

성실하신 하나님.

우리에게 매일 아침을 주시고, 겨울의 끝이 따뜻한 봄날과 이어지게 하시는 하나님의 성실하심과 섭리를 찬양합니다. 주께서는 이 땅의 모든 영혼을 창조하시고 살피시며 각 사람을 향한 놀라운 계획을 갖고 계십니다. 그리고 매일 성실하게 그 뜻을 이루십니다.

하나님께서 저희에게 보내 주신 이 아기의 삶을 축복하고, 건강한 삶의 태도를 갖게 되길 기도합니다. 이 아이에게 허락하실 달란트가 땅에 묻히지 않고 많은 이들을 이롭게 하여 열매 맺게 해 주세요. 그러기까지 이 아이가 성실하게 하루하루를 살아가도록 인도해 주세요. 반복적인 노력에 쉬이 지치지 않고, 당장 놀랍게 성장하지 않아도 꾸준히 해야 할 일을 할 수 있는 인내심과 성실함을 부으시길 원합니다.

저희 또한 올바른 부모의 본이 되도록 하루하루를 성실하게 살게 해 주세요. 지치거나 불평하고 싶은 순간에도 한 번 더 참고, 하루를 소중히 여길 수 있도록 날마다 저희를 가르쳐 주시길 소망합니다. 그래서 이 가정이 하나님을 닮아가기 원합니다.

예수님의 이름으로 기도합니다. 아멘.

40 WEEKS PRENATAL
EDUCATION NOTE
FOR CHRISTIAN PARENTS

우리 아기를 위한
(기도문, 편지, 일기)

29 주차

소망의 하나님이 모든 기쁨과 평강을 믿음 안에서 너희에게 충만하게 하사 성령의 능력으로 소망이 넘치게 하시기를 원하노라 (롬 15:13)

지금 아기는 ─────────

무럭무럭 자라난 아기의 몸무게는 1kg대에 들어섰어요. 뇌가 자라며 두뇌가 발달하고 신경 조직과 세포도 폭발적으로 발달해요. 이제는 소리와 빛에 모두 반응할 수 있어요.

지금 엄마는 ─────────

아이가 빠른 속도로 성장하는 시기이므로 고른 영양소 섭취가 중요해요. 균형 잡힌 식사를 준비하고, 아기 몸 발달에 필요한 철분과 칼슘을 섭취하도록 신경 쓰는 것이 좋아요.

🎀 소중한 아기에게

사랑하는 아가야.

오늘은 모든 사람에게 주어지는 기회에 대해 이야기 하고 싶어.

선택할 수 있다는 건 기회가 있다는 말과 같아. 너에게는 무한에 가까운 기회가 있단다. 너는 언제든 도전할 수 있고 목표를 가질 수 있어. 그리고 그걸 이루기 위해 노력할 수 있어. 노력한다는 건 정말 대단한 일이야. 노력이란 지금은 잘 되지 않는 일이 좀 더 수월해지도록 방법을 찾고 연습하는 거야. 꼭 성공하지 않는다 해도 이 과정 자체가 훌륭한 거란다.

솔직히 고백하자면, 노력해도 마음처럼 안 될 때가 많아. 멋지게 도전해도 실패할 수 있어. 경쟁에서 이기고 싶지만 패배할 수 있단다. 이건 엄마와 아빠를 포함한 모든 사람이 겪는 일이야. 그러니 너무 낙심할 필요가 없지.

마음처럼 일이 이루어지지 않을 때, 우리는 또 다른 선택을 할 수 있는 기회가 생겨. 좋은 방법을 찾아서 다시 도전할 수도 있고, 아예 다른 길을 알아볼 수도 있지. 중요한 건, 다 포기한 채 주저앉지 않는 거야. 실패해도 괜찮아. 엄마 아빠는 언제나 너를 응원하고 변함없는 사랑과 지지를 보낼 거야. 너에게 주어진 무한한 기회를 즐기렴.

우리 아기도 그렇게 할 수 있지? 파이팅!

아기를 위한 기도

살아 계신 하나님.

여기까지 저희 가정을 인도해 주셔서 감사합니다. 주님의 때에 따라 저희 두 사람이 부부가 되게 하시고, 놀라운 섭리로 새 생명을 허락하신 주님을 찬양합니다. 돌아보면 은혜가 아닌 일이 없었고, 주님의 인도하심이 신실하게 저희 가정을 이끄셨다는 걸 깨닫게 됩니다.

주께서 주신 이 아이와 저희가 주님이 기뻐하시는 가정을 이루게 해 주세요. 서로 사랑하고 이해하며 천국의 모형을 이루기를 소망합니다. 온전히 하나 되는 공동체가 되게 하시고, 각자의 삶을 살며 소모되거나 상처 입어도 이 가정 안에서 회복되고 새 힘을 공급받도록 도와주세요. 서로의 개성을 존중하고 각자 역할을 성실히 수행하며, 하늘로부터 내려온 올바른 권위가 가정에 건강하게 뿌리내리게 해 주십시오. 주님께서 저희 가정에 주신 부르심을 한 마음 한 뜻으로 따르는 가정이 되고 싶습니다.

가정을 통해 생명을 주시고 날마다 새로운 기쁨을 주시는 하나님을 찬양합니다.

예수님의 이름으로 기도합니다. 아멘.

40 WEEKS PRENATAL
EDUCATION NOTE
FOR CHRISTIAN PARENTS

우리 아기를 위한
(기도문, 편지, 일기)

30 주차

40 WEEKS PRENATAL EDUCATION NOTE FOR CHRISTIAN PARENTS

믿음의 선한 싸움을 싸우라 영생을 취하라 이를 위하여 네가 부르심을 받았고 많은 증인 앞에서 선한 증언을 하였도다 (딤전 6:12)

지금 아기는 ───────

아기의 신체 발달은 거의 마쳤고, 몸무게는 계속 늘어나요. 지금은 탯줄로 산소를 얻어 호흡하지만, 밖으로 나갈 때를 대비해 폐도 꾸준히 발달하고 있어요. 빛을 감지하면서 밤과 낮을 구별할 수도 있답니다.

지금 엄마는 ───────

꾸준한 운동은 엄마와 아기의 건강 뿐 아니라 원활한 출산에도 큰 도움이 됩니다. 몸이 무거워졌다고 가만히 있기 보다는 가벼운 걷기나 스트레칭 등으로 출산을 준비해 보세요.

🍷 소중한 아기에게

귀여운 우리 아가야.

너는 그냥 거기 있어 주는 것만으로도 사랑스럽단다. 네가 잘 자라 주는 것만으로도 고맙고 말이야. 너는 정말 소중한 우리 아기야. 보석같이 반짝이고 귀하지. 하나님이 너를 완벽한 디자인으로 지으셨고, 너를 향한 놀라운 계획을 품고 계시단다. 이 모든 건 네가 태어난 뒤에도 변함이 없어.

놀랍게도 말이지, 너 뿐 아니라 모든 사람이 너처럼 귀하고 가치 있단다. 더 귀하거나 덜 소중한 생명은 없어.

그런데 살다 보면 이런 속삭임이 들릴 수 있을 거야. '이 정도는 할 수 있어야 중요한 사람이 될 수 있어', '이것도 못하다니 넌 자격이 없어' 혹은 '저 사람은 돈이 많아서 행복한 거야', '저 사람은 공부를 잘하니까 성공했지'. 세상을 살다 보면 이런 말이 자주 들리곤 해. 그리고 우리에게 중요한 사람이 되라며 뭔가 더 노력할 것을 강요하지.

아가야, 이런 말들은 결단코 사실이 아니란다. 뭘 더 잘한다고 해서 더 중요한 사람이라거나, 뭔가 모자란다고 해서 무시당해도 되는 건 결코 아니야. 네가 뭘 잘하든, 못하든 상관없이 너는 소중한 우리 아기란다. 누군가에게 잘나고 귀한 사람으로 인정받아야만 하는 건 절대 아니야. 우리는 네가 네 안에서 솟아나는 순수한 열정과 즐거움으로 살아가면 좋겠어. 하나님이 네게 주신 개성과 힘을 가지고 너의 디자인대로 살아가렴. 너의 있는 그대로를 사랑하는 엄마 아빠가 될게.

사랑해, 아가야!

아기를 위한 기도

참된 승리자이신 하나님.
이 땅에서 하나님 나라를 사는 자들로 우리를 부르셔서 감사합니다. 또한 우리로 하여금 진리를 위해 힘써 싸우는 군사로 세우신, 대장 되신 주님을 찬양합니다.
하나님이 이 땅에 부르신 이 아이를 축복하시고, 주의 강한 군사로 성장하게 해 주십시오. 자라면서 진리를 몸으로 터득하게 하시고, 의를 알도록 인도해 주세요. 그리하여 아이가 성령의 전신갑주를 취하고 세상에서 승리하는 자가 되기를 기도합니다. 진리와 의와 평화와 복음, 믿음과 구원과 성령이 아이의 삶과 내면에 확고히 자라게 하여 주세요. 죄와 싸워 이기게 하시되 사람은 사랑하게 해 주시고, 세상의 거짓말에 속지 않으며 삶으로 진리를 전하는 사람이 되도록 도와주세요. 아이가 진리에 기초한 올바른 가치관과 세계관을 갖게 해 주십시오. 그리고 하나님에 대한 지식이 쌓일수록 주를 향한 사랑과 신뢰 또한 깊어지는 사람으로 성장하길 원합니다.
이 모든 의로운 일을 이루실 주님을 높여드립니다.
예수님의 이름으로 기도합니다. 아멘.

40 WEEKS PRENATAL
EDUCATION NOTE
FOR CHRISTIAN PARENTS

우리 아기를 위한
(기도문, 편지, 일기)

31 주차

야곱아 너를 창조하신 여호와께서 지금 말씀하시느니라 이스라엘아 너를 지으신 이가 말씀하시느니라 너는 두려워하지 말라 내가 너를 구속하였고 내가 너를 지명하여 불렀나니 너는 내 것이라 (사 43:1)

지금 아기는

이미 많이 자랐지만 앞으로의 성장 폭이 더 클 거예요. 태동은 더욱 활발해졌고, 신체 기관이 발달하면서 소변을 보기도 해요.

지금 엄마는

움직일 때 숨이 차고 허리 통증을 느낄 수 있어요. 잘 때 자세가 불편하다면 왼쪽으로 돌아 누워 한 쪽 다리를 구부려 보세요. 배 아래 쿠션을 대거나 다리 사이에 쿠션을 끼우면 좀 더 편안하게 잘 수 있어요.

🎙 소중한 아기에게

사랑하는 아가야.

모든 아기는 위대한 예술가라고 해. 어떤 제한도 두지 않는 순수한 마음이 있으니까. 너는 뭐든지 펼칠 수 있고 표현할 수 있단다. 먹고 자는 일도 무척 중요하지만, 아름다움을 추구하고 창조하는 것 또한 무지무지 멋진 일이야. 하나님은 우리에게 아름다움을 따르고 표현하고 싶어 하는 마음을 주셨어. 그리고 그걸 표현할 수 있는 양식도 주셨지. 하나님은 모든 예술의 창조자시란다.

아가야. 너도 앞으로 색채와 빛깔, 질감에 관심을 갖게 될 거야. 그리고 이걸 가지고 뭔가 그리고 만들고 싶어질 거야. 그리고 음계와 화음을 공부하게 되겠지. 그 안에서 조화를 느끼기도 하고 악기들에 관심을 보일 수도 있어. 음악을 들으면 너의 귀여운 팔과 다리를 움직여서 춤을 추고 싶어질 거야. 동물을 흉내 내기도 하고, 엄마 아빠 말투를 따라 하기도 하겠지. 상상만 해도 정말 사랑스럽다! 네가 글자를 배운다면 책을 읽고 네 마음을 글로 표현할 수도 있을 거야. 세상에는 예쁜 말들이 아주 많거든. 적절한 단어를 배치해서 멋진 글을 쓰면 어떨까? 정말 굉장하지 않니?

이런 표현과 활동이 네 삶을 더 풍성하고 즐겁게 만들어 줄 거야. 네 눈에 아름다운 것, 네 귀에 즐거운 것을 찾아보렴. 기쁨과 슬픔, 어떤 감동이나 쓸쓸함까지 여러 방법으로 표현해 보렴. 기쁨은 더 늘어나고 슬픔은 잘 정돈될 거야.

멋진 너의 앞날을 기대할게. 사랑해.

🧡 아기를 위한 기도

우리를 지명하여 부르신 하나님.

주의 계획은 참으로 완전하십니다. 우리가 다 알 수 없는 섭리와 뜻 안에서 한 생명을 이 땅에 보내시고, 혼자 내버려두지 않으시고 날마다 사랑으로 지켜 주시는 주를 찬양합니다.

주의 완전하고 빼어난 솜씨로 아기를 섬세하게 빚어 주셔서 또한 감사합니다. 놀라운 사랑으로 우리 모두를 지키시며 보배롭고 존귀하게 여기시니 그 은혜가 충만합니다.

하나님. 아이의 일생 동안 모든 환난으로부터 몸과 마음을 지켜 주십시오. 굳건하고 든든한 그 사랑을 매일 나타내 주세요. 저희로 하여금 아이가 뿌리 내리고 자라날 좋은 토양이 되게 하시고, 주님께서 아이를 키워 주세요. 주님의 눈으로 자기 자신과 다른 사람을 바라보며 건강하게 자라도록 인도해 주세요.

우리의 일생은 주의 손 안에 있습니다. 한낱 먼지일 뿐인 우리를 사랑하시고 돌보시는 주의 은혜가 아니면 우리는 살 수가 없습니다. 모든 순간에 주의 은혜가 너무도 필요합니다.

주의 계획은 나의 꿈에 비할 수 없이 완전하시니 내 의지와 뜻보다 하나님의 지혜가 기준이 되어야 하겠습니다. 그렇게 살 수 있도록 이 아이와 저희 모두를 축복해 주세요.

예수님의 이름으로 기도합니다. 아멘.

40 WEEKS PRENATAL
EDUCATION NOTE
FOR CHRISTIAN PARENTS

우리 아기를 위한
(기도문, 편지, 일기)

32 주차

40 WEEKS PRENATAL EDUCATION NOTE FOR CHRISTIAN PARENTS

지혜는 그 얻은 자에게 생명 나무라 지혜를 가진 자는 복되도다 (잠 3:18)

지금 아기는

폐가 많이 발달했기 때문에 이번 주부터는 행여 조산을 하더라도 아기가 건강히 자랄 확률이 높아져요. 남자아이의 경우, 이전까지 복부에 달려 있던 고환이 음낭까지 내려와 자리 잡게 되어요.

지금 엄마는

아기가 급격히 성장하면서 엄마의 체중도 금방 불어나요. 체형의 변화로 울적해질 수 있지만, 나름의 아름다움을 가꾸는 것으로 극복할 수 있어요. 출산 과정과 모유 수유에 관해 미리 공부하면서 준비하세요.

🍡 소중한 아기에게

사랑하는 아가야.

네가 지혜로운 사람으로 자라길 기도하고 있단다. 그래서 지혜를 얻을 수 있는 방법을 이야기하고 싶어.

참된 지혜의 주인은 하나님이셔. 우리가 하나님께 지혜를 구하면 주실 거라고 약속하셨지. 우리는 그분을 경외하는 것으로 참된 지혜를 얻을 수 있단다. 기본 중의 기본이지.

그리고 책을 읽는 방법이 있어. 책은 여러 지혜와 지식이 담긴 그릇과 같아. 우리는 책을 보면서 몰랐던 사실을 깨닫고 지식을 얻으며 다른 사람의 삶에 참여할 수 있단다. 책 속에는 내가 미처 몰랐던 세상이 펼쳐져 있기도 해. 그리고 신비롭고 즐거운 상상이 가득하지. 책은 네게 새로운 기쁨을 알게 해 줄 거야. 지금도 우리는 네게 책을 읽어 주고 있단다.

다른 사람과 함께 어울리면서 놀고, 이야기를 나누는 것으로도 지혜를 얻을 수 있단다. 우리는 다른 사람들이 살아가는 모습을 보면서 많은 걸 배울 수 있어. 그리고 나는 어떻게 살 것인지 한 번 더 생각해 볼 수 있고 말이야.

네가 하나님을 경외하고, 책을 즐겨 읽고, 다른 사람들과 소통하면서 지혜를 쌓아 가길 기도해.

우리 아가, 사랑해.

아기를 위한 기도

평안의 주인이신 하나님, 감사합니다.

언제나 안전함을 찾았지만 오직 주 안에서만 저는 안전했습니다. 주의 임재가 곧 평안이고, 저는 거기서 진실로 마음을 내려놓을 수 있었습니다.

병원이나 의사를 믿는다 해도 불안에서 완전히 벗어날 수는 없습니다. 든든한 조력자가 곁에 있다 해도 아이의 안위를 신뢰할 수 있는 건 아니었습니다. 온전히 믿을 수 있는 유일한 분은 바로 하나님뿐이십니다. 이 아이를 계획하셔서 창조하시고, 지금 이 순간에도 정성껏 완벽하게 짓고 계신 하나님. 저보다 저를 잘 아시는 것처럼, 저보다 이 아이를 더 잘 아시며 사랑하시는 주님. 참된 안식과 평안은 오로지 하나님을 신뢰할 때 얻을 수 있음을 고백합니다. 아이가 자라나면서 평안의 주님을 믿고 모든 불안과 걱정에서 자유롭도록 도와주세요.

우리의 산성이고 피난처이신 하나님, 제가 피할 바위이시며 강한 성루 되신 하나님. 연약한 우리를 도우시고 날마다 주의 보호하심을 더 굳게 믿도록 도와주세요.

예수님의 이름으로 기도합니다. 아멘.

40 WEEKS PRENATAL
EDUCATION NOTE
FOR CHRISTIAN PARENTS

우리 아기를 위한
(기도문, 편지, 일기)

33 주차

40 WEEKS PRENATAL EDUCATION NOTE FOR CHRISTIAN PARENTS

나의 하나님이 그리스도 예수 안에서 영광 가운데 그 풍성한 대로 너희 모든 쓸 것을 채우시리라 (빌 4:19)

지금 아기는 _____

이 시기의 아기 몸무게는 2kg대에 들어설 거예요. 태어날 것을 준비하며 아기는 머리를 아래 방향으로 바꾸기 시작하지만 이쪽저쪽 계속 움직이기도 해요. 몸의 뼈들은 대부분 단단해졌지만 두개골은 아직 연한 상태랍니다.

지금 엄마는 _____

임신중독증에 주의하세요. 손과 발에 붓기가 생길 수 있지만 물을 많이 마시는 것으로 완화할 수 있어요. 출산을 대비하여 미리 가방을 싸거나 출산 이후의 구체적인 양육 계획을 세워 보세요. 아기를 낳으면 책을 볼 여유가 없을 수 있으니 육아 서적을 미리 읽는 것도 좋아요.

🍼 소중한 아기에게

지금도 엄마 배 속에서 자라고 있는 아가야.

너는 무슨 꿈을 꾸고 있니? 그 속에서 상상하는 바깥세상은 어떤 모습일지 궁금하구나. 지금의 네게도 뜻과 의지가 있을까? 꿈틀꿈틀 너의 움직임에도 어떤 의미가 있는지 궁금해.

분명한 건, 네가 태어난 이후에는 본능적인 욕망이 너를 이끌게 된다는 거야. 젖을 먹고 싶은 욕망, 자고 싶다는 뜻, 몸이 안 좋으니 살펴 달라는 요구까지. 엄마와 아빠는 너의 메시지에 귀 기울이고 널 돕기 위해 노력할 거야.

네가 더 자라면 더 많은 도전과 의지가 일어날 거야. 저기 보이는 저것을 만지고 싶고, 입에 넣고 싶고, 가끔은 집어던지고도 싶겠지. 그러다 갖고 싶은 게 생기고 이루고 싶은 목표를 갖게 될 거야. 사랑하는 우리 아가가 성장하는 모습을 상상하니 참 즐겁구나.

그런데 미리 말할게. 우리는 원하는 걸 전부 가질 수는 없단다. 네게 필요한 것을 채우기 위해 우리가 도와줄 수 있지만 그래도 분명 가질 수 없는 게 생길 거야. 그럴 때는 이미 갖고 있는 것을 찬찬히 생각해 볼 수 있단다. 우리는 자꾸 이미 가진 것은 잊어버리고 갖고 싶은 것만 떠올리곤 하거든. 하지만 하나님이 내게 이미 주신 것들을 살펴보면 생각보다 풍요롭고 괜찮다는 걸 네가 꼭 알았으면 좋겠어.

다 가지지 않아도 행복할 수 있어. 원하는 걸 다 가지려 할수록 불행한 사람이 된단다. 만족하고 감사하는 마음만 있다면 우리는 그 자체로 최고의 부자가 될 수도 있어. 우리 한 번 그렇게 살아 보지 않을래?

너와 함께 보낼 행복한 날들을 꿈꾸고 있어. 사랑한다, 우리 아가.

🙏 아기를 위한 기도

삶의 작은 부분까지 살피시는 하나님.
우리의 필요를 살피시며 때에 맞게 도우시는 아버지의 사랑을 감사드립니다. 이제까지 모든 임신 기간을 지키신 것처럼, 출산 이후에도 도와주시길 이 시간 간구합니다.
스스로 아무것도 할 수 없는 연약한 아기를 보살피는 일이 쉽지 않을 거라 생각합니다. 저희는 여전히 모르는 것이 너무나 많고, 수도 없이 부딪히고 시행착오를 거치면서 부모가 될 것입니다. 하지만 하나님, 저희에게 지혜와 힘을 주세요. 위로부터 채워지는 한없는 사랑을 힘입어 아이를 사랑하고, 때에 따라 도우시는 주의 손길을 경험하며 육아를 배워 가도록 인도해 주세요.
출산 이후 몸이 잘 회복되게 하시고, 모유 수유에 부족함이 없도록 도와주십시오. 인내심과 사랑을 날마다 새롭게 부어 주시고 아이에게 필요한 것을 금방 파악할 수 있는 지혜 또한 구합니다. 치명적인 실수나 사고 없이 아이를 잘 기를 수 있도록 저희 손과 함께해 주세요. 위급한 순간에 정신을 똑바로 차리고 알맞은 행동을 할 수 있도록 도와주세요. 주께서 도우시지 않으면 저희는 아무것도 할 수 없음을 고백합니다. 저희를 긍휼히 여기시고, 부모의 역할을 잘 감당하도록 날마다 함께해 주세요.
예수님의 이름으로 기도합니다. 아멘.

40 WEEKS PRENATAL
EDUCATION NOTE
FOR CHRISTIAN PARENTS

우리 아기를 위한
(기도문, 편지, 일기)

34 주차

40 WEEKS PRENATAL EDUCATION NOTE FOR CHRISTIAN PARENTS

> 겸손한 자는 먹고 배부를 것이며 여호와를 찾는 자는 그를 찬송할 것이라 너희 마음은 영원히 살지어다 (시 22:26)

지금 아기는 ──────

아기의 중추 신경은 계속 발달 중이고 폐는 거의 발달을 마쳤어요. 지금 태어난다면 조산으로 분류되겠지만 대부분은 건강하게 자랄 수 있을 거예요. 일반적인 발달 과정에 따른다면 지금쯤 키는 약 45cm 정도 자랐을 거예요.

지금 엄마는 ──────

아기가 자라면서 배가 더 나왔어요. 무게 중심이 앞으로 쏠리면서 허리에 무리가 생길 수 있어요. 평소 바른 자세를 갖도록 노력하고 운동과 스트레칭에 신경 써 주세요.

🍼 소중한 아기에게

사랑하는 아가야.

네가 자랄수록 내 기쁨도 더 커지는구나. 네가 그냥 있어 주는 것만으로도 이렇게 고맙고 사랑스럽다니, 신기한 일이야. 네 움직임을 느끼는 일도 여전히 즐겁단다. 엄마와 아빠는 너를 사랑하고 있어. 네가 자라는 모습이 기특하고, 어서 너를 만나 안아 주고 싶단다.

우리들은 아주 특별한 관계로 이 땅에 태어난 거야. 부모와 자녀. 세상에서 가장 아름답고 스스럼없고 복된 관계이지. 엄마와 아빠도 너와 마찬가지로 엄마와 아빠가 계시단다. 네가 태어나 어른이 되면 너도 누군가의 부모가 될 거야.

그런데 엄마와 아빠보다 더 깊게 너를 사랑하는 분이 계셔. 우리보다 너를 더 잘 아신단다. 그분은 바로 하나님 아버지셔. 너도, 엄마와 아빠도 모두 하나님의 자녀이기 때문에 그분의 사랑을 흠뻑 받으며 살아가고 있단다.

하나님 아버지께서는 우리의 요청을 귀 기울여 들으시고 응답해 주셔. 그리고 우리에게 무엇이 필요한지 먼저 아시고 채워 주시지. 그리고 무한한 사랑으로 날마다 우리를 지켜 주신단다. 우리가 잘못할 때 일깨워 주시고, 죄를 자백할 때 용서해 주셔. 그분은 우리가 그분을 닮아갈 때 정말로 기뻐하신단다.

네가 태어나고 자라면서 그 사랑을 발견하게 되길 축복해. 똑같은 하나님의 자녀로서 우리도 함께 잘 지내보자꾸나!

사랑해, 아가야.

🍼 아기를 위한 기도

우리의 몸과 마음까지 창조하신 하나님.
작은 몸 안에서 하나님의 위대한 창조를 이루심을 감사드리며 주님을 찬양합니다. 주께서 지금까지 아기를 섬세하게 짓고 계셨으며 태어날 때까지 신실하게 인도하실 것을 믿습니다.
주님께서는 우리의 영혼과 몸과 성품까지 창조하십니다. 주께서 이 시간에도 저희 아기를 지으실 텐데, 그의 성품이 예수님을 닮아 온유하고 겸손하길 소망합니다. 자기 자신의 유익만 위해 살지 말게 하시고, 다른 이를 존중하고 세워 주는 사람이 되게 해 주세요. 승부욕과 경쟁심을 적절하고 건강하게 사용하게 해 주시고, 목표를 이루지 못해도 승자에게 진심 어린 박수와 격려를 보낼 수 있는 넉넉한 마음을 주시기 원합니다. 자존심이 있으나 쉽게 상하거나 영향 받지 않으며 늘 자기 마음을 살펴 교만을 점검할 수 있는 지혜 또한 주시길 기도합니다.
부모인 저희의 마음에도 겸손을 부으시고, 내 아이만 귀하다는 생각을 버리게 해 주세요. 아이의 성패에 감정이 휘둘리지 않으며 어떤 결과에도 흔들림 없이 격려할 수 있는 든든한 사랑을 날마다 입혀주세요.
예수님의 이름으로 기도합니다. 아멘.

40 WEEKS PRENATAL
EDUCATION NOTE
FOR CHRISTIAN PARENTS

우리 아기를 위한
(기도문, 편지, 일기)

35주차

40 WEEKS PRENATAL EDUCATION NOTE FOR CHRISTIAN PARENTS

만군의 여호와께서 우리와 함께 하시니 야곱의 하나님은 우리의 피난처시로다 (시 46:11)

지금 아기는 ──────────

아기는 이제 자궁에 거의 가득 찰 만큼 자랐어요. 신체 기관의 발달도 거의 마쳤고, 태어나기 전까지 토실토실 살이 오를 거예요. 일반적인 발달 과정에 따른다면 몸무게는 약 2kg 중반까지 늘어났어요.

지금 엄마는 ──────────

자궁이 너무 커져서 다른 장기들을 압박하고 있어요. 그래서 쉽게 숨이 차거나 소화 불량과 변비가 생길 수 있고, 요의를 자주 느낄 거예요. 이제는 태동을 수시로 체크해야 해요.

🎙 소중한 아기에게

보고 싶고, 만나고 싶은 우리 아가.

오늘도 엄마와 아빠는 우리 아기가 그리워서 이렇게 편지를 읽어 주고 있어. 말 속에 마음과 감정을 담을 수 있는 것처럼 글 속에도 사랑을 담을 수 있단다.

그런데 우리가 받은 아주 특별한 편지가 있어. 좀 길긴 하지만 아주 오랜 시간에 걸쳐 쓰인 편지란다. 누가 보낸 거냐고? 바로 하나님이셔. 하나님의 편지가 담긴 책을 성경이라고 한단다.

사람은 하나님에 대해 결코 다 알 수가 없어. 하나님의 완전하심에 비하면 우리의 지혜는 너무 작고 보잘 것 없거든. 그래서 하나님은 오랜 세월 동안 많은 사람들의 손을 통해 우리에게 사랑의 편지를 남기셨단다. 그 글귀 속에서 우리는 하나님을 더 알아 갈 수 있어. 하나님이 어떤 분이신지, 그분의 사랑이 얼마나 위대한지, 그리고 그 사랑 때문에 어떤 일을 행하셨는지 자세히 나와 있지. 그뿐 아니라 인간에 대해서도 아주 적나라하게 알 수 있어. 신실하게 믿음을 지킨 사람들의 이야기도 많고, 하나님을 저버린 사람들의 이야기도 나오지. 그런 걸 보면서 우리는 앞으로 어떻게 살아야 할지, 마음을 어디에 두어야 할지 배워 갈 수 있단다.

처음에는 조금 어렵게 느껴질 수 있지만, 성경을 읽을 때마다 성령님께서 네 안에서 널 도와주실 거야. 엄마와 아빠가 네게 더 많은 성경 이야기를 들려줄게. 우리 함께 하나님의 편지를 읽어 보지 않을래? 그날이 어서 오길 기대하고 있어.

아가야, 사랑해!

아기를 위한 기도

우리의 피난처 되신 하나님.

저희는 주의 날개 아래 피할 때에만 살 수 있음을 고백합니다. 이제까지 살아올 수 있었던 것은 오직 주께서 보호해 주셨기 때문입니다. 환난 날에 주께 부르짖을 때 우리에게 응답하시며 우리가 알지 못했던 크고 비밀한 일을 보이실 주님을 신뢰합니다.

하나님, 저희 가정을 주님의 손에 올려 드립니다. 정직하게 간구하기 원합니다. 저희 가정을 날마다 보호해 주십시오. 저희는 자기 스스로도 지키기 어려운 연약한 존재입니다. 주의 은혜로 부모가 되었지만 모든 순간마다 아이를 지킬 수 없으며, 최선을 다해 지킨다 해도 철저하지 못합니다. 주님, 이 아이에게 은혜를 베풀어 주셔서 언제 닥칠지 모르는 불의의 사고와 재난과 범죄, 질병에서 생명과 안전을 지켜 주세요. 어두운 세상 속을 거닐어도 주께서 함께하시며 보호해 주시기를 간구합니다.

아이가 위험에 처할 때 주께서 피할 바위와 견고한 성이 되어 주시고, 아이의 몸 뿐 아니라 정서와 정신까지 날마다 지켜 주세요.

나 자신의 무능력함을 깨달을수록 하나님의 전능하심을 믿고 의지하게 하시니 감사합니다.

예수님의 이름으로 기도합니다. 아멘.

40 WEEKS PRENATAL
EDUCATION NOTE
FOR CHRISTIAN PARENTS

우리 아기를 위한
(기도문, 편지, 일기)

36 주차

40 WEEKS PRENATAL EDUCATION NOTE FOR CHRISTIAN PARENTS

예수께서 그 어린 아이들을 불러 가까이 하시고 이르시되 어린 아이들이 내게 오는 것을 용납하고 금하지 말라 하나님의 나라가 이런 자의 것이니라 (눅 18:16)

지금 아기는 ───────

지금까지 아기를 덮고 있던 하얀 지방층이 떨어져 나가기 시작해요. 아기가 이를 삼킬 경우 장에 남아 출생 후 첫 태변으로 배설될 거예요.

지금 엄마는 ───────

엄마는 이번 주에 만삭에 들어섰어요. 지금쯤 아기가 세상에 나올 준비를 시작해서 더 아래로 내려갔을 거예요. 그러면 호흡이나 소화는 전보다 편해지겠지만 변비는 더 심해질 수 있어요. 여전히 화장실을 자주 가지만 그래도 충분히 수분을 섭취해 주세요.

🍷 소중한 아기에게

사랑하는 아가야.

어둡고 따뜻하고 축축한 네 집에 지금 이 시간에도 주님이 함께 계시단다. 그분은 어디에나 계시지. 그리고 우리와 같은 인간의 모습으로 세상에 오신 적도 있었어. 바로 너의 평생 친구이자 인도자 되실 예수님이셔.

예수님은 하나님의 아들이시지만 인간의 몸을 입고 오셨기 때문에, 너처럼 어머니의 몸속에서 열 달 동안 자라나고 태어나셨어. 예수님의 엄마와 아빠는 여행길에 있었기 때문에 급히 아기 낳을 곳을 찾아야 했단다. 결국 아기 예수님은 어느 작고 허름한 마구간에서 태어나셨어. 그리고 세상에 있는 모든 작고 약하고 가난한 자들의 주님이 되셨단다.

예수님은 어린아이들을 사랑하셨어. 많은 사람들이 예수님의 말씀을 듣기 위해 구름 떼처럼 몰려들었을 때, 작은 아이들도 예수님을 찾아갔지만 다른 어른들이 가까이 하지 못하게 막았지. 그런데 예수님은 아이들을 보시고 그 품으로 부르셨단다. 그리고 이 어린아이들 같은 사람만 천국에 들어갈 것이라고 말씀하셨어.

아가야. 티 없이 맑고 깨끗한 마음으로 예수님을 따르고 사랑하자꾸나. 어떻게 해야 순수한 마음으로 예수님을 사랑할 수 있을지 우리 아가가 엄마 아빠에게 가르쳐 줄래?

우리는 매일 네가 보고 싶단다. 사랑해.

💗 아기를 위한 기도

우주와 천지를 지으신 하나님.

온 세계가 주님의 아름다운 작품이고, 주님께서 이 모든 땅을 우리에게 주셨음을 믿습니다. 그래서 삶의 터전 뿐 아니라 더 넓고 아름다운 세상을 누리며 부르심 따라 살아가길 원합니다.

주께서 보내 주신 이 아이에게도 넓은 세상과 가능성을 허락하심을 믿고 감사드립니다. 아이가 살아가면서 넓은 시야를 갖게 하시고, 스스로 제한하지 않고 가능성을 펼쳐 열매 맺기를 소망합니다. 열린 마음으로 세상 곳곳에 주께서 숨기신 보물들을 찾으며 기쁘게 살아가도록 축복해 주세요.

세상은 넓고, 인생의 모양은 다양하며, 할 수 있는 일은 많고, 아름다움은 어디에나 있다는 걸 아이가 살아가며 경험하고 느끼게 하시길 원합니다. 그래서 이 아이가 저희 세대에서 보지 못했던 것을 보며, 하지 못한 일을 할 수 있도록 복을 주십시오.

하나님을 알면 알수록 그 광대하심에 놀라게 됩니다. 이 아이가 주를 알아 가는 기쁨을 맛보게 하시고, 그 속에서 크신 하나님과 주께서 만드신 세계를 경험하게 해 주세요.

예수님의 이름으로 기도합니다. 아멘.

40 WEEKS PRENATAL
EDUCATION NOTE
FOR CHRISTIAN PARENTS

우리 아기를 위한
(기도문, 편지, 일기)

37 주차

40 WEEKS PRENATAL EDUCATION NOTE FOR CHRISTIAN PARENTS

근심하는 자 같으나 항상 기뻐하고 가난한 자 같으나 많은 사람을 부요하게 하고 아무 것도 없는 자 같으나 모든 것을 가진 자로다 (고후 6:10)

지금 아기는 ─────

아기는 신체 발달을 모두 마치고 엄마의 골반까지 내려갔어요. 태어나기 전까지 이 자세를 유지하며 세상으로 나올 준비를 할 거예요. 여전히 아기의 머리가 위를 향했을 경우 이를 되돌리는 체조를 꾸준히 하면 좋아요.

지금 엄마는 ─────

37주부터는 출산을 해도 정상아로 분류됩니다. 가진통이 시작되거나 질 분비물이 늘어날 수 있어요. 이제부터는 언제든 출산을 해도 되기 때문에 진통이나 이슬 등의 징후를 잘 살피고 태동에도 주의를 기울이세요.

🎙 소중한 아기에게

아가야.

이제부터는 네가 언제든지 나와도 괜찮대! 너무 늦지만 않다면 말야. 우리는 너를 진심으로 환영해. 너처럼 사랑스런 아가가 우리의 자녀가 되고 가족이 되어 준다니 정말 기뻐. 얼마나 기쁘냐면 말이야 네가 태어나서 써야 할 물건들도 사 두고, 네가 입을 옷도 미리 다 세탁해 둘 정도란다.

네가 무럭무럭 자라 준 덕분에 엄마는 전보다 몸이 더 힘들기도 해. 가끔은 너의 발길질에 '윽!' 비명을 내기도 하지. 그래서 네가 어서 나오면 좋겠다고 생각할 때도 있어.

하지만 아가야. 엄마는 네가 충분히 준비를 마칠 때까지 기다릴 수 있어. 너무 늦지는 않게, 네 속도에 맞게 천천히 준비하고 건강히 나와 주렴.

네가 태어날 때, 너도 엄마도 힘든 과정을 거쳐야 한대. 하지만 그 괴로움은 절대 영원하지 않단다. 그 끝에는 기쁨과 행복이 빛나고 있을 거야. 따뜻하고 편안한 엄마 배 속을 떠나서 용기 있게 밖으로 머리를 내밀 너를 생각하며 엄마도 용기를 낼 거야. 우리는 힘을 합쳐서 멋지게 해낼 수 있을 거야.

하나님이 사람을 지으시기 전에 사람이 살만한 모든 환경을 준비하신 것처럼, 우리는 너를 위한 모든 걸 준비했단다. 엄마 아빠가 너를 얼마나 환영하고 기다리는지 네가 안다면 신이 나서 나올 텐데. 그래 줄 수 있겠니?

너를 진심으로 사랑해.

아기를 위한 기도

하나님.

마라톤 코스처럼 길게 느껴졌던 임신 기간이 어느덧 한 달 남았습니다. 지금까지 저희와 아기를 지켜 주셔서 감사드리고, 앞으로의 과정도 지켜 주실 것을 신뢰합니다.

아이가 배 속에서 무럭무럭 자라난 것처럼, 저희도 부모로서 좀 더 자랐는지 되돌아봅니다. 부모의 사명을 주신 분이 주님이시니 감당할 힘과 지혜도 책임져 주실 것을 믿습니다.

때로는 불안과 두려움에 휩싸였고, 이후에 이어질 막연한 미래를 나만의 생각으로 계획하기도 했습니다. 기쁨과 감사에 가득한 날도, 울적하고 예민해진 날도 있었습니다. 아이를 키우며 내 인생이며 자아를 다 잃어버리진 않을까 염려했습니다. 늘어난 식구만큼 삶이 더 힘겨워지진 않을지 고민했습니다.

하지만 다시금 눈을 들어 하나님을 바라봅니다. 그리고 삶이란 애초에 내 소유가 아니었음을 고백합니다. 우리 인생의 주인은 하나님이십니다. 그렇기 때문에 아이를 낳고 키우면서 무엇도 잃어버리지 않을 것이고 손해를 입지 않을 것입니다. 모든 것이 주께서 주신 은혜이고 기회이며, 분명한 성장과 그에 따른 기쁨을 경험하게 될 것입니다. 지금 이 순간, 저희로서는 다 알 수 없는 놀라운 섭리의 과정에 놓여 있음을 신뢰합니다. 평안 속에서 지혜롭고 즐겁게 이 과정을 지날 수 있도록 날마다 힘을 더하여 주세요.

예수님의 이름으로 기도합니다. 아멘.

40 WEEKS PRENATAL
EDUCATION NOTE
FOR CHRISTIAN PARENTS

우리 아기를 위한
(기도문, 편지, 일기)

38 주차

40 WEEKS PRENATAL EDUCATION NOTE FOR CHRISTIAN PARENTS

내가 여호와의 명령을 전하노라 여호와께서 내게 이르시되 너는 내 아들이라 오늘 내가 너를 낳았도다 (시 2:7)

지금 아기는 ─────

언제 출산해도 상관없을 만큼 생존에 필요한 모든 발달을 마쳤어요. 신체 기관들은 완전히 자리를 잡고 제 기능을 다하고 있어요.

지금 엄마는 ─────

막달 증상 중 하나인 부종이 심해질 수 있어요. 임신중독증의 증상은 아닌지 확인해 보세요. 두통이 심해지거나 체중이 갑자기 불어나거나 시력이 흐릿해지면 담당의와 꼭 만나야 해요.

🍼 소중한 아기에게

아가야.

너의 오늘은 어땠니? 매일 비슷한 일상이 반복되는 게 지루하진 않았니? 아니면 이제 곧 시작될 새로운 여행을 생각하며 준비하고 있는지 궁금하구나.

여행은 정말 기분 좋은 일이야. 평소 익숙했던 터전을 떠나서 새로운 장소로 잠시 떠나는 일이거든. 그러면 새로운 환경과 풍경을 즐기면서 마음도 신선하게 바뀐단다. 물론 어느 정도 시간이 지나면 본래 있던 자리로 되돌아 와야 하지만, 떠나기 전과는 분명 다른 마음을 갖게 되지. 익숙하고 반복적인 삶이라 해도 여행을 다녀오면 다시 살아갈 힘이 생기거든.

네가 태어나고 자라면 널 데리고 여행을 갈 거야. 아주 멀리 가지 않아도, 아주 긴 시간은 아니어도 우리 가족이 함께하는 여행은 행복하고 즐거울 거야.

그런데 재미있는 비밀이 있단다. 살아간다는 건 그 자체로 멋진 여행이라는 거야. 여행지에서 예기치 못한 일을 맞닥뜨리고 다양한 감정을 경험하는 것처럼 우리도 아마 그렇게 살아갈 거야. 날마다 새로운 풍경이 펼쳐지고 또 새로운 사람들을 만나게 되겠지. 산다는 건 정말 재미있고 아름다워.

아가야. 이제 우리는 새로운 여행을 시작하게 될 거야. 엄마 아빠와 함께하는 여행. 어때? 기대가 되지 않니? 우리도 매일 기대하고 있단다. 곧 만나자! 사랑해.

🌸 아기를 위한 기도

생명의 하나님.

형벌 받을 죄인을 사랑하셔서 십자가를 지셨고, 해산의 고통으로 우리를 거듭나게 하시며 새 생명을 허락해 주셔서 감사합니다. 주님께서는 죄의 값을 치르시고 놀랍고 영원한 생명을 인류에게 주셨습니다. 이 기이한 진리가 출산을 눈앞에 둔 지금 새롭게 다가옵니다. 생명을 얻기 위해 죽음에 임박한 고통을 감당하는 것은 주께서 먼저 걸어가신 길이었습니다. 조금이나마 주의 길을 경험할 기회를 주셔서 감사합니다.

두렵고 떨리지만, 주님이 주신 사랑스런 아기를 만날 소망으로 벅찹니다. 많은 사람들이 출산과 육아에 대해 말하지만 흔들리지 않고 모든 두려움과 불안까지 주님 손에 맡깁니다. 그리고 저로서는 할 수 없으나 주께서는 능히 행하실 일들을 기대합니다.

하나님, 사랑의 모델을 보이시려고 가정을 창조하신 지혜와 섭리를 찬양합니다. 저희 가정에 주의 사랑이 실현되게 하시고, 주께서 꿈꾸시는 완전한 공동체로 성장하도록 날마다 인도해 주세요.

생명을 내어 주신 위대한 일에 동참하게 하신 주님, 감사합니다.

예수님의 이름으로 기도합니다.

40 WEEKS PRENATAL
EDUCATION NOTE
FOR CHRISTIAN PARENTS

우리 아기를 위한
(기도문, 편지, 일기)

39 주차

40 WEEKS PRENATAL EDUCATION NOTE FOR CHRISTIAN PARENTS

소망의 하나님이 모든 기쁨과 평강을 믿음 안에서 너희에게 충만하게 하사 성령의 능력으로 소망이 넘치게 하시기를 원하노라 (롬 15:13)

지금 아기는

아기를 감싸고 있던 흰색 지방층이 대부분 벗겨져요. 이번 주에 아기가 나올 수도 있지만, 더 늦어도 이상한 일이 아니니 걱정하지 마세요.

지금 엄마는

분만과 출산의 단계에 대해 미리 알아 두세요. 가진통과 진진통, 이슬, 양수에 대해서도 제대로 알고 때에 맞게 대처할 수 있도록 미리 준비하는 것이 좋아요. 두려움보다는 기대를 갖고, 나도 할 수 있다는 다짐을 되새겨 보세요.

🎙 소중한 아기에게

오늘도 힘차게 움직이는 아가야.

이제 너는 거의 다 자라서 이제 나올 때가 되었대. 9개월 동안 편안하게 지냈던 곳을 떠날 때가 가까이 온 거야. 너도 그걸 알고 있는지 이제 조금씩 아래로 내려가고 있더구나. 네게는 엄청난 모험이 될 그날을 엄마와 아빠도 기다리고 있어.

아가야. 그동안 네가 꿈꿔 온 바깥세상은 어떤 모습이니? 엄마와 아빠의 이야기를 들으며 어떤 모습을 상상했니? 혹시 두렵거나 떨리지는 않니?

그렇지만 걱정하지 않아도 돼. 네가 태어나는 과정은 쉽지 않겠지만, 그 후에는 목소리만 들었던 엄마와 아빠를 직접 만날 수 있단다. 지금까지는 엄마 배 속에서만 있었지만, 태어난 후에는 아빠에게도 따뜻하게 안길 수 있어.

우리처럼 너를 만나길 원하는 가족들이 널 사랑해 줄 준비를 하고 있단다. 너는 이미 많은 사랑을 받고 있지만, 태어난 이후에는 더 많은 사랑과 관심을 받을 거야.

하나님이 너를 지키시고, 엄마와 아빠도 널 사랑으로 보호할 거야. 그러니 너는 안전하단다. 안심하렴.

우리는 평안 속에 만나서 행복하게 사랑할 거야. 우리는 정말 멋진 가족이 될 거야. 널 위한 자리를 따뜻하게 준비해 두었단다. 그러니 겁내지 말고 용기를 내 보자. 엄마 아빠도 마음의 준비를 하고 있어.

평강의 하나님이 우리와 함께하셔. 곧 만나자. 사랑한다, 아가야.

🫀 아기를 위한 기도

우리의 모든 것을 아시는 하나님.

주님께서는 우리의 앉고 일어서는 것과 자고 깨는 것까지 모든 걸 아십니다. 나의 의식과 판단으로 일상을 사는 것처럼 보이지만, 사실은 주의 계획 속을 걷고 있음을 고백합니다.

아기가 태어나는 순간에도 저희를 지키시고, 그 이후의 과정도 책임져 주시길 간구합니다. 아이에게 건강과 성장하는 힘을 더하시고, 면역력과 지능, 정서의 모든 부분이 주의 보호 아래 충분히 성장하게 해 주세요. 아이가 부모와 건강한 애착을 갖게 하시고 신체 또한 때에 맞게 발육할 수 있도록 도와주세요. 아이의 신체 기관이 완전히 발달하고, 갖은 질병으로부터 안전하기를 기도합니다.

산모의 몸을 지켜 주시고, 출산 이후 몸과 마음이 잘 회복되도록 도와주세요. 또 저희에게 아직 준비되지 않은 부분이 있다면 살펴 주시고 몸과 마음과 지식의 모든 필요를 채워 주십시오. 어떻게 해야 주님이 원하시는 부모의 모습을 갖춰 갈 수 있을지 매일 가르쳐 주시고, 저희가 겸손히 주 뜻대로 양육할 수 있기를 소망합니다.

출산 이후의 모든 시간을 인도해 주세요.

예수님의 이름으로 기도합니다.

40 WEEKS PRENATAL
EDUCATION NOTE
FOR CHRISTIAN PARENTS

우리 아기를 위한
(기도문, 편지, 일기)

40주차

모든 지킬 만한 것 중에 더욱 네 마음을 지키라 생명의 근원이 이에서 남이니라 (잠 4:23)

지금 아기는 _____

이 시기의 평균적인 체중은 약 3kg이 조금 넘는 정도예요. 손톱과 머리카락이 꾸준히 자라고 있어요. 초산인 경우 예정일을 넘겨 태어나는 경우가 많으므로 여유를 갖고 기다려 보세요.

지금 엄마는 _____

현재 산모와 아기의 상태에 따라 출산 방법을 결정할 수 있어요. 이제 어느 때라도 아기가 나올 수 있으니 멀리 외출하는 일을 삼가고 산모수첩을 늘 챙겨 다니는 게 좋아요. 혹시라도 있을지 모를 양수 파수를 대비해 패드를 미리 준비하세요.

🎙 소중한 아기에게

아가야.

우리가 마주 보게 될 날이 정말 머지않았구나. 아무것도 모르는 엄마 아빠는 널 만난 이후 많은 공부를 했단다. 네가 어떤 과정을 통해 우리에게 왔는지, 어떻게 자라 왔는지, 또 어떻게 태어날 것인지도 말이야.

네가 태어나는 과정은 우리 모두에게 커다란 모험이라고 해. 특히 우리 아가가 해야 할 몫이 크단다. 네가 판단했을 때 세상에 나올 준비가 다 끝났다고 여겨지면 엄마의 뇌에 신호를 보내게 된대. 그러면 엄마의 뇌에서 특별한 호르몬 물질을 보내 줄 거야. 네가 있는 아기집을 수축하는 역할을 하는 물질이야. 그 힘을 받으면 우리 아가가 바깥으로 나올 때 도움이 될 거야.

네가 나올 통로는 매우 좁지만 너는 몸을 이리저리 돌리면서 알맞은 자세를 찾아 빠져나올 거야. 너의 머리뼈는 아직 부드러워서 좁은 길을 통과할 때도 무사히 나올 수 있대. 우리 아가에게는 벌써 엄청난 능력이 있는 거야. 아늑한 엄마 배 속에 더 머물고 싶을 텐데, 과감하게 모험을 선택할 네가 정말 대견하고 사랑스럽구나.

네가 나올 때 엄마도 어려운 과정을 거치겠지만 힘을 내서 널 도울게. 아빠도 곁에서 엄마와 너를 응원해 줄 거야. 우리 가족이 처음 한자리에서 만나는 그날이 기대가 되는구나. 우리 모두 함께 힘을 합쳐서 잘 해내자!

사랑하는 아가야. 언제나 널 환영한단다.

🐻 아기를 위한 기도

하나님.

긴 시간 동안 우리와 함께하시고 지켜 주셔서 감사합니다. 우리의 기도를 들으시며 신실하게 응답해 주신 은혜를 찬양합니다. 여기까지 온 것도 모두 주의 은혜로 가능했습니다.

이제 신실하신 주님의 손에 모든 걸 맡기니 우리 삶의 주인 되시고 분만의 모든 순간을 다스려 주세요. 아이가 태어나는 그 순간까지 주님께서 가장 선한 길로 이끄실 것을 믿습니다.

무릇 견딜만한 시험만 주시는 하나님. 죽음에 가까운 고통이 올 때에 견딜 힘도 같이 주실 것을 믿습니다. 새롭고 산 길이 되신 예수님을 의지하며 저의 괴로움보다는 생명의 기쁨을 더 크게 경험할 수 있도록 도와주세요. 완전하신 주께서는 실수가 없으시니 때에 따라 돕는 은혜를 부으실 것을 신뢰합니다.

아이가 태어날 때 저희 가정이 거룩한 환희에 사로잡히고, 평생 잊을 수 없는 감동과 은혜를 맛보게 되길 소망합니다. 저희 가정에 놀라운 새 일을 행하실 주님을 찬양합니다.

예수님의 이름으로 기도합니다. 아멘.

40 WEEKS PRENATAL
EDUCATION NOTE
FOR CHRISTIAN PARENTS

우리 아기를 위한
(기도문, 편지, 일기)

엄마의 보물은 무엇일까요?

엄마에게는 보물이 있어요.
까맣고 작고 반짝반짝 빛나는 보물이에요.
무엇일까요?
그건 바로 우리 아기의 두 눈동자이지요.

엄마에게는 보물이 있어요.
갈래갈래 뻗어서 꼬물꼬물 움직이는 보물이에요.
무엇일까요?
그건 바로 우리 아기 손가락 발가락이지요.

엄마에게는 보물이 있어요.
오똑하게 톡 튀어나온 보물이지요.
무엇일까요?
그건 바로 우리 아기의 예쁜 코랍니다.

40 WEEKS PRENATAL
EDUCATION NOTE
FOR CHRISTIAN PARENTS

엄마에게는 귀한 보물이 있어요.
콩닥콩닥 빠르게 열렸다 닫히는 보물이지요.
무엇일까요?
그건 바로 우리 아기의 심장이에요.

하지만 엄마에게는 진짜진짜 귀한 보물이 있어요.
너무 소중해서 지금도 몸속에 간직하고 있지요.
무엇일까요?
그건 바로 우리 아기예요.

아, 맞다!
아빠에게도 아주 소중한 보물들이 있어요.
그래서 언제나 온몸으로 지켜 주지요.
그래요!
아빠의 보물은 바로 엄마와 아기
소중한 가족이랍니다.

**40 WEEKS PRENATAL
EDUCATION NOTE
FOR CHRISTIAN PARENTS**

우리 아기
얼마나 컸을까?

초음파 사진

날짜 +

임신주수 +

태아 체중 +

산모 체중 +

우리 아기 얼마나 컸을까?

초음파 사진

날짜　　+

임신주수　+

태아 체중　+

산모 체중　+

우리 아기
얼마나 컸을까?

초음파 사진

날짜 +

임신주수 +

태아 체중 +

산모 체중 +

우리 아기
얼마나 컸을까?

초음파 사진

날짜 +

임신주수 +

태아 체중 +

산모 체중 +

우리 아기
얼마나 컸을까?

초음파 사진

날짜 +

임신주수 +

태아 체중 +

산모 체중 +

우리 아기
얼마나 컸을까?

초음파 사진

날짜 +

임신주수 +

태아 체중 +

산모 체중 +

우리 아기가
태어났어요!

우리가 받은 최고의 선물인 아가가 태어났어요!

출생일시 +

체중 +

키 +

가슴둘레 +

머리둘레 +

혈액형 +

태어난 곳 +

우리 아기의 처음 사진이나 발바닥 사진을 붙여보세요.

사명선언문

너희가 흠이 없고 순전하여……세상에서 그들 가운데 빛들로
나타내며 생명의 말씀을 밝혀 _ 빌 2:15-16

1. 생명을 담겠습니다
만드는 책에 주님 주신 생명을 담겠습니다.
그 책으로 복음을 선포하겠습니다.

2. 말씀을 밝히겠습니다
생명의 근본은 말씀입니다.
말씀을 밝혀 성도와 교회의 성장을 돕겠습니다.

3. 빛이 되겠습니다
시대와 영혼의 어두움을 밝혀 주님 앞으로 이끄는
빛이 되는 책을 만들겠습니다.

4. 순전히 행하겠습니다
책을 만들고 전하는 일과 경영하는 일에 부끄러움이 없는
정직함으로 행하겠습니다.

5. 끝까지 전파하겠습니다
모든 사람에게, 땅 끝까지, 주님 오시는 그날까지
복음을 전하는 사명을 다하겠습니다.

서점 안내

광화문점 서울시 종로구 새문안로 69 구세군회관 1층
02)737-2288(T) 02)737-4623(F)

강남점 서울시 서초구 신반포로 177 반포쇼핑타운 3동 2층
02)595-1211(T) 02)595-3549(F)

구로점 서울시 구로구 시흥대로 577 3층
02)858-8744(T) 02)838-0653(F)

노원점 서울시 노원구 동일로 1366 삼봉빌딩 지하 1층
02)938-7979(T) 02)3391-6169(F)

분당점 경기도 성남시 분당구 황새울로 315 대현빌딩 3층
031)707-5566(T) 031)707-4999(F)

신촌점 서울시 마포구 서강로 144 동인빌딩 8층
02)702-1411(T) 02)702-1131(F)

일산점 경기도 고양시 일산서구 중앙로 1391 레이크타운 지하 1층
031)916-8787(T) 031)916-8788(F)

의정부점 경기도 의정부시 청사로47번길 12 성산타워 3층
031)845-0600(T) 031) 852-6930(F)

인터넷서점 www.lifebook.co.kr